0054940

The Modern House

David Mackay

The Modern House
Designed by the World's Leading Architects

Hastings House, Publishers, Inc.
New York 10016

First published in the U.S.A. 1984
by Hastings House, Publishers, Inc.

©1984 Editorial Gustavo Gili, S.A.
Barcelona

**Library of Congress Cataloging in
Publication Data**

Mackay, David, 1933-
The modern house.

1. Architecture, Domestic—Designs and
plans.
2. Architecture, Modern—20th century—Designs and plans. I. Title.
NA7126.M33 1984   728.3'7'0922   84-4596
ISBN 0-8038-9276-4

Printed in Spain

Grafos, S. A.
Arte sobre papel - Barcelona (Spain)

Indice

Contents

Prólogo

Este libro es compañero de *Viviendas plurifamiliares. De la agregación a la integración,* pero esta vez consiste en un álbum de casas individuales diseñadas o construidas durante la década de los años setenta por algunos de los arquitectos más destacados del mundo e, indudablemente, por los clientes más animosos que fueron capaces de enfrentarse a las contradicciones de su tiempo y mirar cara a cara a su cultura, la nuestra, tal como es hoy. Sin su riesgo y, sobre todo, sin su colaboración, este libro no hubiera sido posible. Los verdaderos autores del mismo son los propios autores de las casas. Por esta razón, la presentación del proyecto sigue el simple orden alfabético de los nombres de los arquitectos. Desde luego, hubiera sido una presentación más pedagógica adoptar una selección crítica, agrupando las casas en familias tipológicas, pero esta respuesta no se habría ajustado a la ambigua situación cultural de los años ochenta. Este libro versa sobre una arquitectura que tiene fe en el futuro, pero que viene madurada por la realidad de su propia historia y la realidad de su propia tecnología y sociología, en la apropiada disciplina de la arquitectura en sí. Es un viaje continuo de descubrimiento y de imaginación, al que el lector —constructor, habitante, estudiante y arquitecto— está invitado a unirse.

Por más aventura que represente el viaje cultural, si el lector se ve frente al problema de diseñar una casa, para sí mismo o para un cliente, la elección de un modelo básico, adecuado a las circunstancias, es de primordial importancia. Dentro de los ejemplos ilustrados en este libro, una serie de modelos podría ser la siguiente: Bofill, Johnson (campamento tribal), Gregotti, Ito (patio interior), Krier, Siza (patio exterior), Gowan (*hall* central), Pietila (combinación de taller y hogar), Aulenti, M.B.M. (modelo urbano), Eyguem (modelo ecológico), Graves, Eisenman (clasicismo romántico, humanístico el primero y antihumanístico el segundo), Miller y Solsona (modelo rural o vivienda de fin de semana). En un mundo desconcertado por la amenaza de una destrucción, no por causas naturales sino debida al error humano y a la ignorancia, el avance de la cultura manifiesto a través de la casa individual no es una vana escapada frente a la realidad, sino una luz sobre la construcción de una sociedad imbuida de sentido humano y conocimiento. La arquitectura, forjada sobre el test de la casa y el hogar individual, estará dispuesta a infundir su cultura a la ciudad y el campo, para beneficio y satisfacción de todos.

Preface

This book is a companion to *Multiple Family Housing,* but this time it is an album of individual houses designed or built during the decade of the seventies by some of the world's leading architects and undoubtably the most courageous of clients who were able to face the contradictions of their times and come face to face with their own, and our culture as it is today. Without their risk, and more pertinently, without their collaboration, this book would not have been possible. The real authors of this book are the architects of the houses themselves. It is for that reason that the presentation of the project follows the simple alphabetical order of the architects' names. Where one or more architects are involved, the name of the firm takes preference.

Evidently a more scholarly presentation would have been a critical selection, grouping the houses into typological families, but this would not have been a valid response to the reality of the cultural situation in which we find ourselves in the eighties. Architecture is about culture, and that culture is tensed between the values of the individual and the values, of the community within a given historical context.

This book is about an architecture that has faith in the future, but which is matured by the reality of its own history and the reality of its own technology, sociology and to the proper discipline of architecture itself. It is a continuous voyage of discovery and imagination to which the reader, homebuilder, dweller, student, and architect are invited to join.

However adventurous the cultural voyage, if the reader is confronted with the problem of designing a house for himself or for a client, the choosing of a basic model, adequate to the circumstances, is of primary importance. Within the examples illustrated in this book, one set of models could be as follows: Bofill, Johnson (tribal encampment), Gregotti, Ito (internal courtyard), Krier, Siza (external courtyard), Gowan (central hall), Pietila (workshop and home combined) Aulenti, M.B.M. (urban model), Eyguem (ecological model), Graves, Eisenman (romantic classicism, the former humanistic, the latter anti-humanistic), Miller and Solsona (rural model or weekend dwelling).

In a world fraught with the threat of destruction, not by natural causes but by human error and ignorance, the advance of culture manifest through the individual house is not an idle escape from reality but a light upon the construction of a society imbued with human sense and knowledge. Architecture, forged upon the test of the individual house and home, will be ready to infuse its culture into the city and country to the benefit and pleasure of all.

Introducción

La manera de presentar estas treinta y cuatro casas construidas en los años setenta constituye ya una base selectiva sobre la cual evaluar el examen de estos edificios. La arquitectura es tan rica en los factores variantes que contribuyen a su ejecución, que toda selección de los mismos exige justificación.

Todos sabemos que para diseñar un edificio digno de la atención de la arquitectura se necesita un cliente, preferiblemente con dinero, un lugar capaz de dar forma a la edificación, un programa digno de albergar ciertas actividades humanas, una industria de la construcción, ya sea primitiva o avanzada, y no menos un responsable, generalmente el arquitecto, que dé un toque personal a los problemas tácticos y culturales implicados. Estas casas podrían presentarse con todos estos ingredientes, e incluso algunos más, pues son los que constituyen la arquitectura, pero constituirían una base tan amplia que sólo cabría lograr generalizaciones dentro de los límites de una introducción. Teniendo esto en cuenta, sin olvidar que otras muchas aproximaciones también serían válidas, esta introducción prefiere presentar estas casas dentro de una perspectiva histórica, no porque cada uno de estos edificios sea hijo de la historia, y algunos incluso dispuestos a romper con ella, sino porque la visión histórica se ensancha y con ello amplía nuestra comprensión de todos los múltiples factores incluidos en el diseño de edificios. La historia no es sólo una procesión de eventos evolutivos, justificado cada uno de ellos, sino también un mentor con el que podemos comparar resultados. A diferencia de otras tipologías, la casa —el hogar— no evoluciona como tipo. De hecho es el punto de conservación, la base a partir de la cual se puede conquistar el mundo, y por lo tanto esta base ha de ser sólida, firme y fácilmente identificable.

Cierto que se han producido innovaciones tales como el ascenso y declive de la servidumbre, el creciente narcisismo de la vida social y la presión social para preservar el sentido del espacio con unos medios económicos reducidos, pero por otra parte la casa se mantiene insistentemente igual. Por esta misma razón, la excepción es encontrar un arquitecto implicado en su diseño. Ahora bien, este fenómeno nos lleva al núcleo del problema: el diseño de la casa no implica ninguna innovación programática anormal ni tampoco problemas estructurales. Hay, como ha señalado Gregotti, muy pocos modelos fundamentales, pero éstos dan pie a infinitas variaciones, y estas «infinitas variaciones» surgen sobre todo a través de actitudes culturales y sociales. Esto es extremadamente

Introduction

The way one introduces these thirty-four houses built in the seventies sets a selective basis upon which the perception of these buildings will be assessed.

Architecture is so rich in variant factors that contribute to its execution that any selection of these demands justification. We all know that in order to produce a building worthy of the attention of architecture one needs a client, preferably with money, a site that is capable of contributing its part to the building form, a program or the necessity of sheltering certain human activities, a building industry either primitive or advanced, and not least, an architect who brings a personal touch to the practical and cultural problems involved. These houses could be introduced with all these, and more, ingredients that go into making architecture, but that would be so broad a base that only generalizations could be reached within the confines of an introduction. Bearing in mind that many other approaches would be valid, this introduction prefers to set these houses within a historical perspective, not because each and every one of these buildings is a child of history, indeed, some set out to break with history, but because the historical view broadens and widens our understanding of all the various factors involved in the design of buildings. History is not only a procession of evolving events, one causing the other, but also a standard by which we can compare results. Unlike other building typologies, the house, the home, does not evolve as a type. It is in fact the harbor of conservation, the base from which the world may be conquered. Therefore, the base must be solid, sound, and easily recognizable. True, there have been innovations like the rise and fall of servants, the rising narcissism of social life, and the social pressure to preserve the sense of space with reduced economic means, but otherwise, the home remains consistently the same. For this very reason, it is the exception to find an architect involved in its design.

Now this phenomenon leads us to the crux of the problem: the design of the house does not involve any abnormal programmatic innovation, nor any structural problems. There are, as Gregotti has pointed out, very few fundamental models, but they do give rise to infinite variations. These "infinite variations" come about mainly through social and cultural attitudes. This is extremely important within our own twentieth-century societies, as the private house has become the cultural thermometer of our times, and a valuable measure to determine social attitudes. Public buildings tell us more about society and its structure, but the home seeks a cultural cloth, not

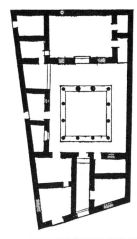

1

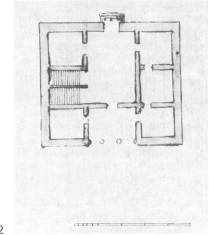

2

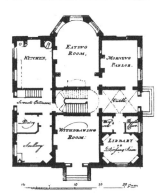

3

1. Modelo básico: Planta con patio. Casa griega en Delos.
2. Modelo básico: Planta basilical. Villa Contugi, Frascati, Italia.
3. Modelo básico: Variación de la planta basilical influida por Palladio. Una pequeña casa de campo del siglo XVIII. Inglaterra.

1. Fundamental model: the courtyard plan. Greek house at Delos.
2. Fundamental model: the basilican plan. Villa Contugi, Frascati. Italy.
3. Fundamental model: variation of the basilican plan influenced by Palladio. A small eighteenth century country house. England.

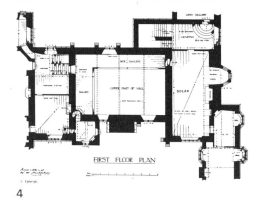

FIRST FLOOR PLAN

4

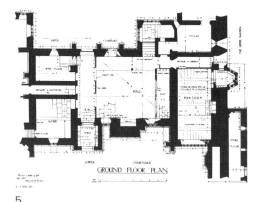

GROUND FLOOR PLAN

5

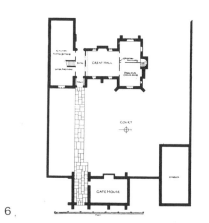

6

4, 5. Modelo básico: Planta con hall. Haddon Hall, Inglaterra, siglo XIV.
6. Modelo básico: Planta con hall. Cothay Manor, Inglaterra, siglo XV.

4, 5. Fundamental model: the hall, Haddon Hall, England, 14th century.
6. Fundamental model: the hall, Cothay Manor, England, 15th century.

importante en nuestras sociedades del siglo XX, al convertirse la casa particular en el termómetro cultural de nuestros tiempos, y como tal en valiosa medida para determinar actitudes sociales. Los edificios públicos nos aleccionan acerca de la sociedad y su estructura, pero el hogar busca una ropa cultural, no sólo a través del propietario, sino también a través del autor. La vivienda, arquetipo de la moderna arquitectura, desde luego es la *raison d'être* del Movimiento Moderno, como patrocinadora de un desplazamiento social desde el sector privado al público, sin el cual la arquitectura moderna tiene muy poco significado. Pero debemos recordar que, si no se quiere que la vivienda se convierta en un ejercicio burocrático, tendrá que ser una agrupación de hogares privados. Así, el arquitecto no puede hacer otra cosa mejor que poner a prueba su capacidad mediante el contacto directo con clientes de carne y hueso, con todas las complicaciones peculiares, que en realidad nunca son tan peculiares, para decidir la estética del entorno habitable, que cabe aplicar entonces, tanto como sea posible, a los grandes problemas de la vida colectiva, sea mediante el edificio de viviendas o a través del diseño urbano.

Debido en parte a la crisis económica de los años setenta, tras el *boom* de los sesenta, y en parte a la crisis de identidad de la propia arquitectura, cuando incluso los críticos del Movimiento Moderno se descorazonaron, la arquitectura de la *mansión* privada diseñada en el transcurso de esta década nos dice más sobre la cultura que cualquier otro tipo de edificio. Es como si unos arquitectos hastiados de la guerra se hubieran retirado de la batalla en busca de un refugio donde recuperar ánimos y permitirse una reflexión más profunda sobre el arte de la arquitectura que sobre los programas sociales, la tecnología o cualquier otro término que hubiese estado reivindicando para sí el legado. La obra de estos arquitectos, y los treinta y cuatro representan solamente una muy reducida selección, equivale a un fondo rico y fascinante, a partir del cual uno espera, cuando el mundo vuelva a pensar en la construcción en vez de pensar en la destrucción, que sólo aporte beneficios a una nueva sociedad. Para permitirnos evaluar las cuestiones culturales que se suscitan, cada uno de estos edificios puede ser medido en función de modelos similares existentes en la historia, pero particularmente en relación con aquellos edificios de los que estos mismos arquitectos han tenido noticia, construidos antes de la década de 1970.

Aunque sabemos que la arquitectura moderna no comenzó con la Red House, de Philip Webb (1859), éste es para nosotros el punto de partida más conveniente, ya que implica a William Morris y una mezcla de Arts and Crafts y socialismo que estimuló la imaginación y los objetivos del Movimiento Moderno en la arquitectura de posteriores generaciones.

La Red House, de ladrillos y azulejos rojos, desnuda de todo ornamento excepto los arcos ojivales sobre las ventanas de guillotina, sigue el estilo restringido de las vicarías de Butterfield y Street, pero dada la ausencia de esquinas de piedra, consigue una simplicidad en la que Morris debió haber insistido. La planta en forma de L, con un acceso por pasillo a las habitaciones situadas junto a la escalera, se convirtió en el prototipo de la distribución Arts and Crafts que rompía con la tradicional circulación de una habitación a otra. Debido a la insistencia de Morris, la habitación principal da al Norte, porque la casa fue construida un verano muy caluroso y Morris pretendía llenar el salón con frescos y tapices bordados a los que quería proteger del sol. Como resultado, el patio ajardinado, con el famoso pozo de cubierta cónica, cara al Sur, sólo es dominado por el pasillo y las escaleras. Más tarde, Webb confesó haberse mostrado demasiado conciliatorio con Morris respecto a esta cuestión y juzgó la casa como un mal diseño. Según Hermann Muthesius, la Red House «es muy importante en la historia del arte. Es la primera casa particular de la nueva cultura artística, la primera casa concebida y construida como un todo unificado en el interior y el exterior, el primer ejemplo de casa moderna en la historia...».

Muthesius publicó su libro en Berlín, en 1904, y con ello estableció contacto entre el Movimiento Art and Crafts y el Movimiento Moderno en la Europa central. Si bien al ir a Inglaterra y Escocia favoreció un especial ímpetu de una Free English Architecture, desde luego sería erróneo pensar que los orígenes de ésta fueron exclusivos del contexto inglés. El impacto del naturalismo y del medievalismo después de los románticos, y la simplicidad de los grabados japoneses expuestos en Europa, impulsaron la búsqueda de un nuevo estilo apropiado para una nueva época, latente en muchas culturas. A no menos altura, pero a menudo relegados al olvido, los antiguos mercaderes y marinos catalanes en la costa occidental del Mediterráneo, en su pugna por autoidentificarse, abrazaron las modalidades culturales del momento. La Casa Vicens, de 1883-1886, de Antoni Gaudí, es un excelente ejemplo de este primer período de transición. Construida para un fabricante de azulejos, este edificio de tres plantas y semiindependiente (junto a la pared ciega de un convento que ya no existe) muestra en su decoración a la vez la influencia del Movimiento Arts and Crafts y los diseños abstractos de los *patterns* japoneses. La

only through the owner but also through the author. Housing, the archtype of modern architecture is of course the *raison-d'être* of the modern movement with its social shift of patronage from the private to the public sector, without which modern architecture has very little meaning. But we must remember that if housing is not to become a bureaucratic excercise, it is in the end, a grouping of private homes. In this way, an architect can do no better than to test his skill with direct contact with real flesh and blood clients, all their peculiar complications (which are never really so peculiar) in order to refine the aesthetics of the living environment, which can then be applied, as far as possible, to the greater problems of collective living, either through community housing or urban design.

Partly because of the economic crisis in the seventies, after the boom in the sixties, and partly because of the identity crisis of architecture itself when even the critics of the modern movement lost heart, the architecture of the private house designed during this decade tells us more about culture than any other type of building. It is as though war-weary architects had retreated from the battle to regroup (for a recess to regain their spirits) and allowed themselves to reflect more on the art of architecture than on social programs, technology or any other objective that had been claiming the heritage for itself. The work of these architects (the thirty-four are only a tiny selection) amounts to a fascinating rich fund upon which one hopes, when the world gets around to thinking of construction once again instead of destruction, a new society can only benefit from. To enable us to assess the cultural questions that are raised, each and every one of these buildings can be measured against the same, or similiar models, found in history, but more particularly with those buildings that these same architects have been aware of built before the seventies.

Although we know that modern architecture did not begin with Philip Webb's Red House, (1859) it is the most convenient starting point for us since it involves not only William Morris and a mixture of the Arts and Crafts movement and British Socialism that was to spark the imagination and purpose of the modern movement in the architecture of later generations.

The Red House, of red bricks and tiles, bare of ornament except for the flush pointed arches over the sash windows, follows the restrained style of Butterfield's and Street's vicarages, but, with the absence of stone quoins obtains a simplicity that Morris must have insisted upon. The L-shaped plan with a corridor access to the rooms hinged about the staircase became the prototype Arts and Crafts distribution that broke with the traditional room to room circulation. On Morris' insistence, the major room faces north because the house was built during a hot summer and Morris intended to fill the drawing-room with frescoes and embroideries which he wanted to be protected from the sun. As a result, the garden court, with the famous conical roofed well, facing south is only overlooked by the corridor and staircases. Webb later confessed to have been too conciliatory to Morris over this question and considered the house a bad design. According to Hermann Muthesius, the Red House «is highly important in the history of art. It is the first private house of the new artistic culture, the first house to be conceived and built as a unified whole inside and out, the very first example in the history of the modern house...».

Muthesius published his book in Berlin in 1904, and so connected the Arts and Crafts to the Modern Movement in central Europe. If he was right to go to England and Scotland for the major impetus of a Free Architecture, it would, of course, be false to think that the origins were exclusive to the English scene. The impact of Naturalism and Medievalism after the Romantics, and the simplicity of Japanese prints first exhibited in Europe after James Biddle of the United States broke through the hermatic barrier in 1846, set the search for a new style, appropriate for a new age, afloat in many cultures. Not least, but often forgotten, the old seafaring merchant Catalans in the Western Mediterranean coast struggling for self-identification embraced the cultural fashions of the moment. The Vicens House, 1883-86 by Antoni Gaudí, is a very fine example of this early transitory period. Built for a tile manufacturer, this three-story semi-detached (against the blind wall of a convent now no longer existing) house displays in its decoration both the influence of the Arts and Crafts and the abstract designs of Japanese patterns. The plan is based on the traditional cross-wall construction of the local farm houses, but with only two naves instead of the usual three. However, the garden façade is divided into the basilican nave and two aisles; only the aisles have inward pitched roofs which gives an unusual horizontal finish to the street façade. The stone rubble exterior walls with corbelled brick tribunes are laced with bands of green and yellow floral tiles lanced with plain green and white checkerboard vertical columns which highlight the angles, chimneys and lintels. These columns grow together with intensity, towards the upper edge of the house, forming first a gallery, similiar to the rural model and then within the spandrels, holes for ventilating the loft in the traditional

7

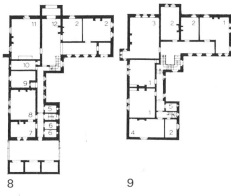

8   9

10

7. La precaria arquitectura doméstica que inspiró la Free English Architecture. Ockwells Manor, Inglaterra, siglo XV.
8, 9. Philip Webb, la Red House para William Morris, Bexley Heath, Londres, 1859.
10. C.R. Ashbee, arquitectura Arts and Crafts, Little Coppice, Iver Heath, Inglaterra, 1905.

7. The earlier domestic architecture which inspired the Free English architecture. Ockwells Manor, England, 15th century.
8, 9. Philip Webb, The Red House for William Morris, Bexley Heath, London, England, 1859.
10. C. R. Ashbee, Arts and Craft architecture, Little Coppice, Iver Heath, England, 1905.

11

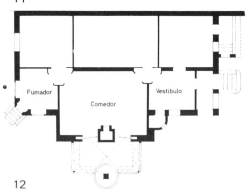

12

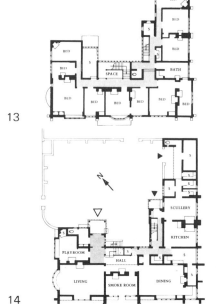

13

14

11, 12. Antoni Gaudí, Casa Vicens, Barcelona, España, 1883-1886.
13, 14. C.F.A. Voysey, Perrycroft, Colwall, Malvern, Inglaterra, 1893-1894.

11, 12. Antoni Gaudí. Vicens House. Barcelona, Spain, 1883-1886.
13, 14. C. F. A. Voysey, Perrycroft, Colwall, Malvern, England, 1893-1894.

planta se basa en la tradicional construcción de paredes de carga paralelas de las casas de campo locales, pero con sólo dos naves en vez de las tres usuales; sin embargo, la fachada del jardín queda dividida entre la nave basilical y la composición de dos naves laterales, sólo que éstas tienen cubiertas inclinadas hacia el interior, con lo que la fachada de la calle adquiere un peculiar acabado horizontal. Las paredes exteriores de mampostería, con tribunas de obra de fábrica de ladrillo, están adornadas con franjas de azulejos florales, verdes y amarillos, en las que se alternan columnas verticales lisas con un ajedrezado verde y blanco, que destacan los ángulos, chimeneas y dinteles. Estas columnas aumentan en intensidad hacia el borde superior de la casa, formando primero una galería, similar al modelo rural, y después una cámara para ventilar el desván, sistema tradicional para mantener fresca la casa en un clima mediterráneo. Como Morris, Gaudí buscó su arte en la tradición local, pero veinte años más tarde, bajo la influencia de los motivos florales decorativos del Movimiento Arts and Crafts, así como de la corriente oriental de moda, con el cual el techo del salón fumador comparte algo del ambiente de la obra literaria del momento: las *Confesiones de un fumador inglés de opio,* de De Quincey. Las dos características más influyentes de la Casa Vicens son la introducción de la habitación exterior, una galería con persianas y pantallas japonesas horizontalmente pivotantes, y la doble fachada a lo largo de la segunda planta, donde la pared con ventanas queda en segundo plano respecto a la galería con columnas. Con la primera, Gaudí introdujo el concepto de una habitación exterior, y con la segunda, al responder la pared a las exigencias de la composición de fachada y función interior, crea un espacio microclimático para respirar dentro de la pared externa. Esta adición al vocabulario de la arquitectura desempeñaría un papel primordial en los edificios del Modernisme y Art Nouveau algo más tarde. La incorporación de cajones de plantas, así como de la fuente, a la estructura de la casa también fue una innovación en el diseño de una vivienda, más tarde empleada extensamente por Frank Lloyd Wright, que vino a subrayar la nueva y más estrecha relación entre vida doméstica y jardín, iniciada por Nash y Repton a principios del siglo XIX, y el naturalismo de Rousseau a través de sus escritos en el siglo XVIII.

En Estados Unidos, el Movimiento Art and Crafts cayó en un suelo fértil. La moralidad rural soliviantaba a las mentalidades progresistas en los suburbios y una de éstas, la esposa de un industrial de Chicago, Mrs. Glessner, que era una buena diseñadora al estilo Arts and Crafts, e incluso poseía una buena colección de diseños de Morris, convenció a su esposo para ir a Boston y pedir a Henry Hobson Richardson que proyectara una casa para ellos, en 1885. Richardson había regresado de una visita a Inglaterra en 1882 y lógicamente todavía mantenía un buen contacto con la arquitectura doméstica de ese país, aunque para entonces había establecido ya su propio estilo vigoroso y un tanto tosco en los edificios públicos. La Casa Glessner, en forma de L, soluciona el problema planteado por la Red House de Webb, ubicando todas las habitaciones principales de cara al Sur, hacia el patio ajardinado. Lo hizo para proteger a la familia contra vistas y ruidos del conflictivo emplazamiento urbano. Unas ventanas pequeñas y un pasadizo contribuyen a esta protección. En el ángulo exterior de la casa se encuentra el estudio para atender visitas y el vestíbulo con la amplia escalera que asciende mediante fáciles etapas hasta la galería superior. Hacia el Oeste, partiendo del vestíbulo, hay el salón y el comedor, así como las cocinas, y hacia el Sur, el dormitorio de los padres, con las habitaciones de los niños y un aula escolar. La circulación es de una habitación a otra, según la tradición norteamericana, y el pasillo y las escaleras secundarias son para los sirvientes y para la intimidad de la familia. Su simple masa, los recios detalles, las estrechas ventanas del estudio y la delicada obra de artesanía, junto con el plano racional, hacen de esta casa, más que la Red House de Webb, una de las primeras precursoras auténticas de la Arquitectura Moderna. Hay una madura libertad en las decisiones de diseño que sobrepasa toda cuestión estilística.

C. F. A. Voysey llegó a ser uno de los arquitectos mejor conocidos del movimiento de la Free English Architecture. Su obra fue publicada en la revista *The Studio,* de 1893 en adelante. Van de Velde escribió también sobre él en 1893, y sus trabajos se publicaron asimismo en Berlín y Nueva York. Muthesius escribió que había «siempre un aire de primitivismo en sus casas» que, como anota el propio Voysey, atrajo a muchos de sus primeros clientes, que eran cuáqueros. Utilizaba un modesto revoco en sus paredes, contrafuertes en las esquinas, amplios pasadizos y techos bajos. Sus proyectos son compactos y reducen a un mínimo los pasillos. Perrycroft (1893-1894), Colwall, cerca de Malvern, fue su primera casa de la época que resumió todo su vocabulario personal: franjas horizontales de ventanas, esquinas achaflanadas, tejados bajos y chimeneas macizas. Fue extensamente difundida en Alemania y América. En su libro *Arts and Crafts Architecture,* Peter Davey señala que sus edificios nunca fueron simétricos, ya que era un «firme creyente en

way of keeping the house cool in the Mediterranean climate. Like Morris, Gaudí turned to local tradition for his art. But following 20 years later, he fell under the influence of the floral decorative patterns of the Arts and Crafts movement, as well as the fashionable East, in which the ceiling of the smoking-room shares some of the thrill of De Quincey's "Confessions of an English Opium Eater". The two most influential features of the Vicens House is the introduction of the outside room, the shuttered gallery with horizontally pivoted Japanese screens, and the double façade along the second floor where the windowed wall lies in a second plane behind the columned gallery. With the first, Gaudí introduced the concept of an outside room, and with the second, the wall responding to the demands of façade composition and interior function creating a microclimatic breathing space within the exterior wall. This addition to the vocabulary of architecture was to play a leading role in Modernism and Art Nouveau buildings later on. The incorporation of plant boxes and the fountain into the fabric of the house, was also an innovation in the design of a home. Later used extensively by Frank Lloyd Wright, this underlined the new and closer relationship between domestic life and the garden initiated by Nash and Repton at the begining of the nineteenth century, and the naturalism of Rousseau through his writings in the eighteenth century.

In the United States, the Arts and Crafts movement fell on fertile ground. Rural morality upheld the progressive minds in suburbia, amongst them the wife of a Chicago industrialist, Mrs. Glessner, who was a keen Arts and Crafts designer. She had a good collection of Morris designs. So it is not surprising that she persuaded her husband to go to Boston to ask Henry Hobson Richardson to design a house for them in 1885. Richardson had just returned from a visit to England in 1882 and was obviously still very much in touch with the domestic architecture there, though he had, by then, established his own forcefull, rather rough styling in public buildings. The L-shaped Glessner house solves the problem set by Webb's Red House, by placing all the major rooms facing south to the courtyard garden. He did this in order to protect the family from the views and the noise of the street corner which formed the urban site. Small windows and a passage contribute to his protection. At the outer angle of the house we find the study for entertaining and the hall with the broad staircase that ascends by easy stages to the gallery above. To the west opening off the hall are the parlor, the dining room and the kitchens, to the south the parents, room with the childrens' rooms above and school room below. Movement is from room to room in the American tradition and the passage and secondary staircases are for the servants and intimacy of the family. The simple massing, sturdy detailing, ribbon windows and fine craftsmanship of the studio, together with the rational plan makes this house, more than the Red House by Webb, one of the first real pioneer houses of modern architecture. There is a mature freedom about the design decisions that goes far beyond any stylistic question.

C.F.A Voysey became one of the best known architects of the Free English Architecture movement. His work was published in the *Studio* from 1893 onwards. Van de Velde wrote about him in 1893 and his work was published in Berlin and New York. Muthesius wrote that there was "always an air of primitivism about his houses" which, as Voysey himself records, attracted many of his early clients who were Quakers. He used rough plaster on his walls, tapering buttresses at the corners, broad eaves, and low ceilings. His plans are economically compact, keeping passages down to a minimum. Perrycroft (1893-94) in Colwall, near Malvern, was his first mature house, containing nearly all of his personal vocabulary, horizontal bands of windows, splayed corners, low roofs and massive chimneys. It was widely published *Studio* in Germany and America. Peter Davey in his book, *Arts and Crafts Architecture*, notes that his buildings were never symmetrical, as Voysey was a "firm believer in Ruskinian changefulness, and praised Gothic architecture because 'outside appearances are evolved from internal fundamental conditions; staircases and windows come where most convenient for use. All openings are proportioned to the various parts to which they apply'. The horizontality of most of his work derived from a belief in the symbolic importance of long low straight lines: 'When the sun sets, horizontalism prevails, when we are weary, we recline, and the darkness covers up the differences and hides all detail under one harmonius veil, while we, too, close our eyes for rest. What, then, is obviously necessary for the effect of repose in our houses (is) to avoid angularity and complexity in colour, form or texture, and make our dominating lines horizontal rather than vertical'".

Frank Lloyd Wright and others like Walter Burley Griffin, Drummond, Purcell and Elmslie, Bentley and Hausler, also based their architecture on the horizontal, no doubt for the same reasons as Voysey, but also for the impressive natural geographical phenomenon of the endless flat prairie south of Chicago, which encouraged Wright to think of horizontality as something uniguely American. The Winslow House (1893), in Riversforest, Chicago, is

15

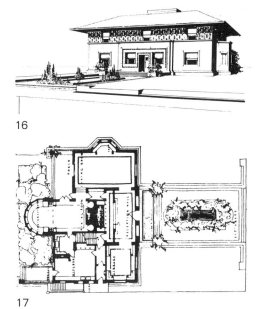

16

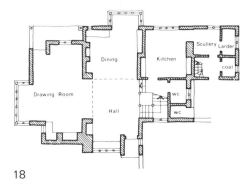

17

18

15. C.F.A. Voysey, The Pastures, North Luffenham, Inglaterra, 1901.
16, 17. F. Ll. Wright, Winslow house, River Forest III, Estados Unidos, 1893.
18. Baillie Scott, Red house, Douglas, Isle of Man, 1892-1893.

15. C. F. A. Voysey, The Pastures, North Luffenham, England, 1901.
16, 17. F. Ll. Wright, Winslow house, River Forest III, EE.UU., 1893.
18. Baillie Scott, Red house, Douglas, Isle of Man, 1892-1893.

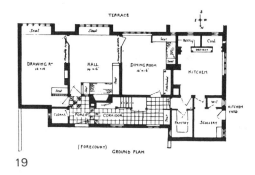

19

20

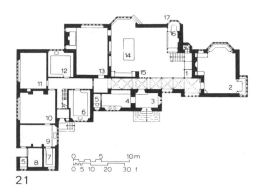

21

19. Baillie Scott, Ideal house, 1894.
20, 21. Baillie Scott, Blackwell, Lake Windermere, 1898.

19. Baillie Scott, Ideal house, 1894.
20, 21. Baillie Scott, Blackwell, Lake Windermere, 1898.

la capacidad de cambio ruskiniana» y que alababa la arquitectura gótica porque «las apariencias exteriores evolucionan a partir de condiciones fundamentales internas; escaleras y ventanas surgen allí donde su uso es más conveniente. Todas las aberturas están proporcionadas a las diversas partes a las que se aplican». La horizontalidad de la mayor parte de su obra procedía de una creencia en la importancia simbólica de unas líneas rectas largas y bajas: «Cuando el sol se pone, prevalece el horizontalismo, cuando estamos fatigados nos reclinamos, y la oscuridad cubre las diferencias y oculta todo detalle bajo un velo armonioso, mientras también nosotros cerramos los ojos para descansar. Por lo tanto, lo que es evidentemente necesario para el efecto de reposo en nuestras casas (es) evitar la angularidad y la complejidad en color, forma o textura, y trazar nuestras líneas dominantes horizontales mejor que verticales.»

Frank Lloyd Wright y otros, como Walter Burley Griffin, Drummond, Purcell y Elmslie, Bentley y Hausler, también basaron su arquitectura en la horizontal. Sin duda por las mismas razones que Voysey, pero también por el impresionante fenómeno geográfico natural de la interminable llanura al sur de Chicago, que movió a Wright a pensar en la horizontalidad como algo especialmente norteamericano. La Casa Winslow (1893), en Riverforest, Chicago, es una simple planta y un volumen compactos, simétricamente planteados junto al eje entrada-chimenea-comedor. Las puertas deslizantes del vestíbulo recibidor permiten unir las tres habitaciones, biblioteca y sala de estar para dar una recepción. La horizontalidad procede de la línea de antepecho de la planta superior trazada alrededor de toda la casa, con ventanas cuadradas situadas entre ella y los amplios y bajos aleros laterales, de modo que la base formada por la planta baja recibe mayor importancia y sobre ella la cubierta parece flotar. Nótese la tradicional planta americana de circulación de una habitación a otra, chimenea central y escalera, con la ausencia del pasadizo tipo Arts and Crafts inglés. Esto fue un precursor de la planta abierta que no tardaría en seguir.

Parece ser que esta planta abierta fue aplicada por Baillie Scott en su casa de la isla de Man, la Casa Roja (1892-1893), y también utilizado con mayor timidez para su Ideal House publicada en *The Studio,* en 1894, y donde combinó a la vez pasillo y particiones plegables. Sus excelentes interiores, como el salón en Blackwell (1898), le valieron encargos de Alemania, y de hecho la casa de Blackwell fue considerada por Muthesius como «una de las creaciones más atractivas que ha producido el nuevo movimiento». Pero uno de los más notorios diseñadores de la Free

English Architecture fue Edward Prior, que presentó la llamada «planta mariposa» con su diseño para el «Barn» Exmouth (1896). Prior, cofundador del Art Workers Guild junto a Lethaby, y alumno de Shaw, probablemente fue el mejor exponente del Movimiento Arts and Crafts. El «Barn» consiste en un trazado largo y fino a lo Arts and Crafts, doblado en dos alas en ángulo recto entre sí, que forman un patio de entrada en un lado y una amplia vista panorámica sobre los jardines y el mar más allá, en el otro, en tanto que al mismo tiempo quedan abiertos al curso del Sol durante el día. Estas ventajas, junto con su espacio de circulación extremadamente económico, hicieron de él un modelo muy satisfactorio. El propio Muthesius lo copió con su Casa Nikolasee, en Berlín (1907-1908).

Otro arquitecto importante que estuvo influido directamente por la Free English Architecture, Henri van de Velde, también tuvo un valor instrumental al publicar a Baillie Scott y Voysey en el resto de Europa. Cuando se casó en 1894, construyó para sí su versión de la Red House, y envió a su futura esposa a Inglaterra para que hablase con el gran hombre, es decir, William Morris en persona. El resultado fue su Villa Bloemenwerf (1894-1895), Uccle., que tiene el vestíbulo de doble altura de Baillie Scott, y la planta compacta y los gabletes de Voysey.

Entre tanto, C. F. A. Voysey había construido su propia casa, The Orchard (1900), en Chorleywood. En su búsqueda de un carácter compacto, fusionó la planta de sala medieval inglesa con la estructura basilical de tres crujías. Introdujo ventanas metálicas con cristal transparente que confiere un «aspecto moderno» al interior, por otra parte pintados con colores intensos.

Muthesius reserva su mayor entusiasmo para los Glasgow Four. Acertadamente, junto con Voysey, los considera como los arquitectos domésticos británicos cuya obra más ha germinado. Sin embargo, después de ser ridiculizada la presencia de los cuatro en la Exposición de Arts and Crafts de 1896 por el Movimiento de Londres, su obra fue boicoteada por los arquitectos y críticos ingleses, con la excepción de Gleeson White, el director de *The Studio.* Incluso en su propia ciudad hubo muy escaso reconocimiento de su obra, y finalmente correspondió a los vieneses manifestar la aceptación de sus cualidades. La obra de los cuatro —C. R. Mackintosh, Herbert Mc. Nair, y Margaret y Frances Macdonald (Margaret se casaría con Mackintosh y Frances con Mc. Nair)— fue publicada en *The Studio* en 1897 y en *Dekorative Kunst,* de Darmstadt, el año siguiente, y además este grupo expuso en la Sezession Haus de Viena, en 1900, y

a simple compact plan and volume, symetrically planned about the entrance-chimney-dining room axis. Sliding doors in the reception hall allow the three rooms, library and living-room, to be thrown together for entertaining. The horizontality comes from the upper floor sill line being drawn around the whole house with square windows fitted in between it and the wide, low slung eaves, so that the base formed by the ground floor is given major importance and over which the roof appears to float. One should note the traditional American plan of room circulation, central chimney and staircase, with the absence of the Arts and Crafts passageway. This was a natural precursor to the open plan that was soon to follow.

This open plan seems to have been picked up by Baillie Scott in his own house on the Isle of Mann, the Red House (1892-93), and also used more timidly for his "Ideal House" published in the Studio in 1894 where he combined both passage and folding partitions. His fine interiors, like the drawing-room at Blackwell (1898), brought him commissions from Germany. In fact, the Blackwell house was considered by Muthesius to be "one of the most attractive creations that the new movement in house building has produced". But one of the more powerful designers of the Free English Architecture was Edward Prior who introduced the so-called "butterfly plan" with his design for the "Barn" Exmouth (1896). Prior, co-founder of the Arts Workers Guild with Lethaby, and a pupil of Shaw, was probably the finest exponent of the Arts and Crafts movement. The "Barn" consists of the long thin Arts and Crafts layout bent into two wings at right angles to each other, forming an entrance courtyard on one side and wide panoramic views over the gardens and sea beyond on the other side, while at the same time open to the course of the sun throughout the day. These advantages, together with its extremely economical circulation space, made it a very successful model. Even Muthesius copied it with his Nikolasee House (1907-1908) in Berlin.

Another important architect directly influenced by the Free English Architecture was Henri Van de Velde. He was also instrumental in publishing Baillie Scott and Voysey in the rest of Europe. When he married in 1894, he built for himself his own version of the Red House, sending his future wife over to England to speak with the great man himself, William Morris. The result was his Villa Bloemenwerf, (1894-95) in Uccle which has Baillie Scott's double height hall, and Voysey's compact plan and gables.

Meanwhile, C.F.A. Voysey had built his own house, The Orchard, (1900) in Chorleywood. With his search for compact-

ness, he merged the English medieval hall plan with the basilican three bay structure. He introduced metal casement windows with clear glass which gave a "modern look" to the interiors which were also brightened up with strong colours.

Muthesius reserves his affluent enthusiasm for the Glasgow Four. Rightly, along with Voysey, he considers them to be the most seminal of British domestic architects. However, after their presence at the 1896 Arts and Crafts Exhibition had been ridiculed by the London movement, their work was boycotted by English architects and critics except Gleeson White, editor of the Studio. Even in their local town, there was little recognition of their work and it was left to the Viennese to recognize their qualties. The work of the four, C.R. Mackintosh, Herbert Mc.Nair, and Margaret and Frances MacDonald, (who later married the two men) was published in the Studio in 1897 and the following year in "Dekorative Kunst" of Darmstadt. The four exhibited at the Sucession House, Vienna in 1900 and later in Munich, Dresden and Budapest. In 1901 Mackintosh was invited to participate in a competition for a "House for a Lover of Art" (Haus eines Kunstfreundes) which was won by Baillie Scott. Mackintosh's design aroused the greatest interest for its rational simplicity, which enabled each major room to be combined for a single function while at the same time, maintaining a rich, natural light and spatial sequence between each one. This design probably had more influence on European architects than those of his houses that were actually built. Hillhouse (1901) was his best: unmistakenly modern, cleared of historic stylistic ornamentation, but Scottish with the engagement of large simple volumes with gabled chimneys and small windows. In this, Mackintosh remains a pioneer in the local synthesis of modern architecture. Inside, each room is designed for itself: the processional space of the split-level entrance hall; the drawing-room with its fire-place corner, bay window recess overlooking the Clyde estuary and a alcove for the piano; the library has a quieter atmosphere; the main bedroom on the upper floor is L-shaped with a vaulted alcove for the bed, leaving the rest of the room a spatious area for dressing and washing. What is admirable about Mackintosh is his ability to accomodate all these individual room designs within an architectural whole. He does of course ignore to a certain extent, the regular composition of the façade. This is confirmed by Thomas Howarth in his book on Mackintosh quoting the architect who explained that, "in his opinion, a sense of enclosure, of warmth and security was the most desirable atribute of any dwelling. The house was primarily a place of shelter and refuge

22

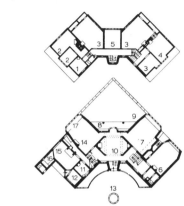
23

24

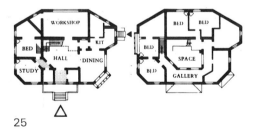
25

22, 23. Edward S. Prior, The Barn, Exmouth, 1896.
24, 25. Henri van de Velde, Villa Bloemenwerf, Uccle, 1894-1895.

22, 23. Edward S. Prior, The Barn, Exmouth, 1896.
24, 25. Henri van de Velde, Villa Bloemenwerf, Uccle, 1894-1895.

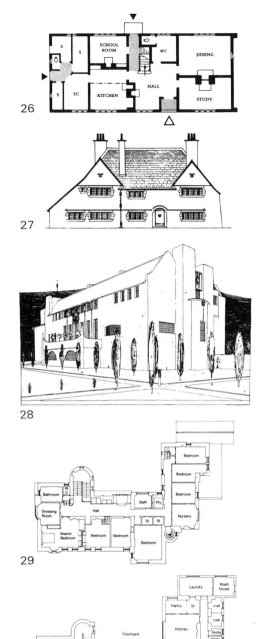

más tarde en las ciudades de Munich, Dresde y Budapest. En 1901, Mackintosh fue invitado a participar en un concurso sobre el tema de una «Casa para un amante del arte» (Haus eines Kunstfreundes), concurso que fue ganado por Baillie Scott, pero el proyecto de Mackintosh despertó el más vivo interés por su simplicidad racional, que permitía que cada habitación principal se combinara con las demás para cumplir una función común, pero manteniendo al mismo tiempo una generosa luz natural y una secuencia espacial entre ellas. Es muy probable que este diseño de Mackintosh tuviera mayor influencia sobre los arquitectos europeos que aquellas de sus casas que llegaron a ser construidas. Hillhouse, edificada en 1901, representó el mejor de sus logros. Inconfundiblemente moderna, libre de toda ornamentación estilística histórica, pero escocesa en la unión de volúmenes grandes y simples con chimeneas de gablete y ventanas pequeñas. En ella, Mackintosh permanece como un precursor en la síntesis local de la Arquitectura Moderna. En su interior, cada habitación está diseñada para sí, desde el espacio procesional de la entrada del vestíbulo, con desniveles, hasta el salón con su rincón para la chimenea, el receso del ventanal con vistas al Clyde y una alcoba para el piano: la biblioteca tiene una atmósfera más tranquila, y el dormitorio principal en la planta superior, en forma de L, con una alcoba abovedada para la cama, aparte de una amplia zona para asearse y vestirse. Lo admirable en Mackintosh es su capacidad para acomodar todos estos diseños de habitación individual en un conjunto arquitectónico. Desde luego, ignora hasta cierto punto la composición regular de la fachada, lo que está confirmado por Thomas Howarth en su libro sobre Mackintosh, al citar las palabras del arquitecto, quien explica que «en su opinión, una sensación de recinto, de calor y seguridad era el atributo más deseable de cualquier vivienda. La casa fue primariamente un lugar de cobijo y refugio, en el paisaje, pero no de éste. Además, toda la concepción de la casa era totalmente distinta de la de un jardín: en una, espacio artificial y limitado, en el otro natural, libre y virtualmente ilimitado. Cada uno poseía características distintivas que deberían ser reconocidas y respetadas por un arquitecto». Para él, la casa estaba en el interior y a éste le correspondían las ventanas, no al exterior. Poca duda cabe de que la influencia de Mackintosh en la Secesion vienesa aportó el incentivo para ulteriores progresos, como puede verse en la obra de J. Hoffmann y J. M. Olbrich, que construyeron casas en Viena y Darmstadt, en 1901. La casa del segundo en la colonia de artistas de Matildenhöhe muestra una fuerte influencia de la arquitectura doméstica inglesa (Olbrich había visitado Inglaterra gracias a la beca ganada para ir a Roma en 1893); tiene una mansarda asimétrica rematada por gablete, bajo la cual franjas de balcones unen las ventanas dispersas, y este tema horizontal se renueva en la base con un diseño ajedrezado de cuadros azules y blancos que dan la vuelta a la casa desde el antepecho hasta la altura de dintel. Las propias ventanas tienen paneles cuadrados en la mitad superior, y el tema del cuadrado se repite en la puerta de madera barnizada muy a lo Mackintosh. En el interior, las dos salas de estar a doble altura completan la influencia inglesa. La casa de Peter Behrens (1901), al otro lado de la carretera, posee una extraña imagen gráfica con pilastras, cornisa y gabletes en arco ojival que produce una sensación de casa tradicional alterada.

La Casa Henneberg (1901), de Josep Hoffmann, en Viena, muestra una influencia más directa de Mackintosh con la variedad de tipos de ventana, y un tramo de ventanas cuadradas y balcones en la planta principal de una fachada que, por otra parte, es lisa. Es curioso cómo la imagen de la obra de un arquitecto puede dejar una marca tan impenetrable que resulte difícil no evitar la inclusión de referencias a ella por otros arquitectos. Evidentemente, Mackintosh fue uno de estos casos. Podemos verlo con claridad todavía mayor en el Palacio Stoclet (1905) de Bruselas.

La obra de Edwin Lutyens necesitó mucho más tiempo para ser apreciada, y es posible que su casa El Decanato (1901), resuma mejor que nada lo que él tenía que decir: la casa es un incidente en el diseño global que abarca el jardín, hay un juego de composiciones axiales entre el jardín y la casa, la cubierta domina la composición donde los principales elementos de la fachada consisten en la agrupación de ventanas, las superiores cercanas a los aleros, y finalmente la exagerada masa otorgada a las chimeneas. Su obra produjo una especie de pintoresquismo controlado que parecía ser la quintaesencia de lo inglés. No es extraño que Muthesius se mostrara entusiasmado por la calidad de la arquitectura británica y deseara introducir la misma sensibilidad en Alemania.

Muthesius fue a Londres, pero si después hubiese ido a Helsinki habría presenciado la fusión de estilo, o de moda, con un sentimiento nacional. El grupo de casas construido por Gesellius, Lindgren y Saarinen en Hviträsk (1901) siguió el espíritu del Arts and Crafts desde los pequeños detalles a la idea general de crear una auténtica colonia de artistas, pero el detalle iba mezclado con cierta majestad nórdica contrastante con el precioso refinamiento blanco de un Mackintosh o un

in, but not of the landscape. Furthemore, the entire conception of the house was quite distinct from that of a garden, the one, artificial and confining space; the other natural, free and virtually boundless. Each possessed distinctive characteristics which should be acknowledged and respected by an architect". The house for him was inside and the windows belonged to that, not to the outside. There is little doubt that the influence of Mackintosh on the Viennese Succession provided the incentive for further progress. This is to be seen in the work of both Joseph Hoffmann and J.M. Olbrich, both of whom built houses in Vienna and Darmstadt in 1901. The latter's house in the artists, colony at Matildenhöhe shows a strong influence of the English Domestic architecture (Olbrich had visited England with his Rome scholarship in 1893): it has an asymmetrical gable-ended mansard roof under which balcony strips unite the dispersed windows. This horizontal theme is renewed at the base with a checkerboard design of blue and white squares of spirals running around the house from sill to lintel height. The windows themselves have square panes in the upper half and the square theme is repeated in the glazed wooden door in a very Mackintosh way. Inside, the two-storied living-hall completes the English influence. Peter Behren's, house (1901) on the other side of the road has a stranger graphic image with pilasters, cornice and ogee arched gables which produces a strange sensation of a jazzed-up traditional house. Joseph Hoffmann's Henneberg House (1901) in Vienna shows a more direct influence of Mackintosh with the variety of window types and square windows and balcony holes on the principal floor of an otherwise plane façade. It is curious how the image of the work of one architect can leave such an impregnable mark that it becomes difficult not to avoid including references to it by other architects. Mackintosh was obviously such a case. We can see this even more clearly in the Staclet House (1905) in Brussels. Edwin Lutyen's work took much longer to be appreciated and perhaps his house "The Deanery" (1901) sums up best what he had to tell: the house is an incident in the total design which incorporates the garden. There is a play of axial compositions between the garden and the house, the roof dominates the composition where the major elements of the façade consist of grouping the windows together, the upper ones close up against the eaves, and finally the exaggerated mass given to the chimneys. His work produced a sort of controlled picturesqueness that seemed to be the epitome of Englishism. No wonder Muthesius was enthusiastic about the quality of British architecture and wished to introduce the same sensibility into Germany.

Muthesius went to London. If he had gone to Helsinki afterwards, he would have witnessed the merging of style or fashion, with national sentiment. The group of houses built by Gesellius, Lindgren and Saarinen at Hviträsk (1901) followed the Arts and Crafts spirit from the small detailing to the general idea of creating an actual artists, colony. The detailing was mixed with a certain nordic majesty contrasting with the jewelled white refinement of a Mackintosh or Hoffmann in the nursery. The architects' partnership broke up with Lindgren leaving the group but a National Style had been founded. It is curious to note how the political incidence in art around the periphery of Europe encouraged this search for a national image with public commissions for these architects. Historians like to label this as National Romanticism but one wonders if there is not more to this that is of value to the modern movement. In the South, too, the search was going on. Antoni Gaudí, better known for his more baroque efforts later on, built Bellesguard (1901), an all stone-looking house on the site of a castle. A cubic building three stories high, developed from traditions practiced, it has a basement and pyramidal roof under which there is a large study with a fascinating structure of thin brick arches. The staircase area protrudes beyond the confines of the cube and terminates with a spire twice the height of the main body of the house. The structure is based on the traditional basilican farmhouse plan with the floors supported by a series of wafer brick arches. The exterior surface is completely covered with stone. This was an environmental decision to enable the house to merge with the nearby ruins and also to be evocative of the original castle. This measure is taken to such an extreme that the thin window mullions of the skin that envelopes the building are made of small stones packed around a metal core structure. These mullions form part of a double façade, a device which Gaudi had used in the Vicens House before. We can see then, that all these houses built in 1901, by Mackinstosh, Olbrich, Behrens. Lutyens, Saarinen and Gaudí, were *vehicles* for causes beyond the simple requirements of a home. They carried the investigation of style and the coherent language of fashion to poetic and formal limits beyond those set by easily recognizable function in other building typologies. In the same colony at Darmstadt, Olbrich had a latent excuse, in some ways, in designing the Matildenhöhe tower as he did, and also the large formal entrance to the Ludwing artists' studio nearby. But what reality other than formal investigation into form itself can explain the lyrical designs

31

32

33

31. J.M. Olbrich, La casa del artista Darmstadt, 1901.
32. Josef Hoffmann, Palacio Stoclet, Bruselas, 1905-1911.
33. Edwin Lutyens, The Deanery, Sonning, 1899-1907.

31. J. M. Olbrich, Artist's house, Darmstadt, 1901.
32. Josef Hoffmann, Stocklet house, Brussels, 1905.
33. Edwin Lutyens, The Deanery, Sonning, 1899-1907.

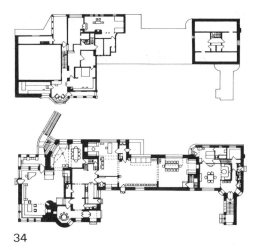

34

35

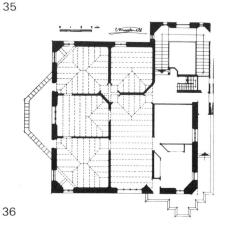

36

Hoffmann en la *nursery*. La sociedad de arquitectos se disolvió cuando Lindgren abandonó el grupo, pero se había fundado un Estilo Nacional. Es curioso observar cómo la incidencia política en arte, en la periferia de Europa, alentó esta búsqueda de una imagen nacional con encargos públicos para estos arquitectos. A los historiadores les gusta etiquetar esto como nacional-romanticismo, pero cabe preguntarse si no habrá algo más en ello que resulte de valor para el Movimiento Moderno. También en el sur se procedía a la búsqueda. Antoni Gaudí, más conocido por sus esfuerzos posteriores, más barrocos, construyó Bellesguard (1901), una casa toda ella de piedra en el emplazamiento de un castillo. Es un edificio cúbico de tres plantas con un sótano y una cubierta piramidal bajo la cual hay un gran estudio con una estructura fascinante de ligeros arcos de ladrillo, procedentes de una práctica tradicional. El volumen de la escalera sobresale de los confines del cubo y termina con una aguja cuya altura es dos veces la del cuerpo principal de la casa. La estructura se basa en la planta tradicional basilical de casa rural, con los pisos soportados por una serie de finos arcos de ladrillo. La superficie exterior está completamente revestida de piedra, una decisión ambiental para permitir que la casa se fusionara con las ruinas cercanas, y también para que evocara el castillo original. Esta medida es llevada a tal extremo que los delgados parteluces de las ventanas en la piel que envuelve el edificio, están hechos de piedras pequeñas alrededor de una estructura de núcleo metálico. Estos parteluces forman parte de una fachada doble, dispositivo que Gaudí ya había utilizado antes en la Casa Vicens.

Vemos, pues, que todas estas casas construidas en 1901, por Mackintosh, Olbrich, Behrens, Lutyens, Saarinen y Gaudí, fueron *vehículos* para causas más allá de las simples exigencias de un hogar. Impulsaron la investigación de nuevos estilos, el lenguaje coherente de la moda, hasta unos límites poéticos y formales más allá de los fijados por funciones fácilmente identificables con otras tipologías de construcción. En la misma colonia de Darmstadt, Olbrich tuvo una excusa latente en cierta realidad al diseñar la torre Matildenhohe tal como lo hizo, y también la amplia entrada formal en el contiguo estudio Ludwing para artistas. Pero ¿qué realidad que no sea la investigación formal de la propia forma puede explicar los diseños líricos para estas casas de 1901? ¿Y acaso no son éstas una parte de la propia arquitectura,como otras cuestiones? Es aquí donde vemos el valor de la vivienda individual dentro de la historia de la arquitectura como una veleta en busca y consolidación del estilo en nuestro propio tiempo.

El más prolífico de los constructores de casas, Frank Lloyd Wright, no tardó en abrirse camino en la planta tradicional de la casa con una habitación junto a otra sin pasillo, como los arquitectos del Arts and Crafts en Inglaterra. Sólo que él rompió la planta en otra dirección y, en vez de un pasillo, lo hizo expandir a partir de la chimenea en una serie de habitaciones y terrazas que abrazaban el jardín con volúmenes entrelazados que permitían a los espacios mezclarse con vistas agradables de otros lugares. Había nacido la Escuela de la Pradera y la Casa Willits (1902) fue la primera. La ventana de guillotina fue sustituida por la ventana con hojas, distribuida a lo largo en franjas horizontales bajo anchos aleros a poca altura que se adentraban en el jardín a partir de la masa central alrededor de la chimenea. La construcción de ladrillo y madera quedaba expuesta en el interior, como en la Red House, y los antepechos de los muros de parapeto incorporaban parterres florales a la estructura del propio edificio. En vez de la entrada normal por delante, se entra por el lado, a lo largo de una de las paredes, casi en el mismo y denso centro. Es una casa que, desde su interior, crece a partir del centro, y desde el exterior los volúmenes se entrelazan con éste y con el jardín. La curiosidad espacial queda suscitada desde el primer momento, y los anchos y bajos aleros y los porches generosos dan la bienvenida al visitante. No es extraño que Wright causara tan fuerte impacto en una Europa todavía ceñida por sirvientes invisibles, y sus pasillos, y que se concentraba preferentemente en los efectos decorativos de forma y construcción.

Muchos consideran que la obra maestra de Wright es su Casa Robie (1909), en la que el núcleo central no sólo contiene las chimeneas, sino también la escalera. El comedor y la sala de estar alcanzan un atractivo equilibrio con su banda continua de ventanas semejantes a grabados coloreados, cuyos antepechos descienden hacia la calle por encima de la sala de juegos que hay debajo. El voladizo de la cubierta fue más audaz que todos los anteriores y realzaba la nave principal de la casa. Queda cortada en ángulo recto por un piso superior allí donde se encuentra la chimenea, y es complementada por una nave más estrecha paralela a la principal, que contiene las habitaciones de servicio. Esta fue diseñada algo más descuidadamente, a la vez con una curiosa fachada sobre el garaje y una articulación desgarrada entre los dos aleros sobre el patio de servicio. Sin embargo, la Casa Robie se sitúa en la historia gracias al soberbio dominio de todos los detalles del diseño, incluida la iluminación de las dos habitaciones principales. En Europa, fue a Loos a quien correspondió aceptar el reto. Con sus casas

34. Gesellius, Lindgren y Saarinen, Villa Huitträsk, Helsinki, 1901-1902.
35, 36. Antoni Gaudí, Bellesguard, Barcelona, 1901.

34. Gesellius, Lindgren and Saarinen, Villa Huitträsk, Helsinki, 1901-1902.
35, 36. Antoni Gaudí. Bellesguard, Barcelona, 1901.

for these 1901 houses? Are these not a part of architecture itself as other questions? It is here that we see the value of the individual house within the history of architecture as a weathervane to the search and consolidation of style right into our own time.

The most prolific of home builders, Frank Lloyd Wright, was soon able to break through the traditional room to room house plan like the Arts and Crafts architects in England. He broke the plan the other way. Instead of a corridor, he exploded the plan out from the chimney in a series of rooms and terraces that hugged the garden with interlocked volumes that allowed the spaces to mingle with enticing views. The Prairie School was born and the Willits House (1902) was its first. The sash window replaced the casement, running along in horizontal strips under broad, low eaves that wandered out over the garden from the central massing around the chimney. The construction of brick and timber was exposed inside like the Red House and the stone sills of the parapet walls gathered flower-beds into the structure of the building itself. Instead of the normal frontal approach, one enters from the side along one of the walls, almost at the dense center itself. It is a house that from the inside grows out from the center and from the outside the volumes interlock both with itself and with the garden. Spatial curiosity is aroused from the start and the broad, low eaves and generous porches welcome one in. No wonder Wright made such an impact on a central Europe that was still hemmed in with unseen servants and their corridors, and was concentrating more on the decorative effects of form and construction.

Wright's materpiece is considered by many to be his Robie House (1909) where the central core contains not only the fireplaces but the staircase. The dining room and living room are beautifully balanced with their continuous sheaf of colored engraved windows, whose sills ripple down to the street over the game room beneath. The cantilevered roof was more daring than ever before and emphasized the main nave of the house. This was cut into at right angles by an upper story just where the chimney was and was complemented by a narrower nave parallel to the main one containing the service rooms. This has been somewhat more carelessly designed with both an awkward façade over the garage and an ungainly joint between the two eaves over the service yard. However, the Robie house marks its place in history with the superb control over all design details including the lighting of the two main rooms. In Europe, it was left to Loos to take up the challenge. With his two houses, the Steiner House (1910) and the

Schen House (1912), Adolf Loos broke away from decoration on the exterior and relied more on the simple play of cubic forms and proportions, but his houses remained traditional. His interiors of the Scheu house relied heavily on Arts and Crafts decorative devices but already showed signs of his American travelling with the introduction of the change of floor and ceiling heights for different activities within the home, a concept that he was to call the *Raumplan* or "plan of volumes".

After the First World War, there was a return to a more sophisticated interpretation of tradition that shows us a more interesting developmenet: Gunnar Asplund's Snellman Villa, Djursholm (1917-18) has both a room to room relationship and a passage connection. The passage is splayed out from the service area to the staircase indicating the balance of social hierachy. The hall is open to the north and south producing a duality on the southern entrance façade which is solved by the solid treatment of the front door —a code understood by all. The windows on the north façade are gradually placed between ground and upper floor for no apparent reason other than to correct the symetrical positioning of the upper floor in relation to the distribution of the ground floor without, however, obtaining a final adjustment as this would cause too irregular displacement. There are also subtle differences on the South façade. We have dwelt a little more extensively on this house as it shows how precise the hand of an architect can be to turn what would otherwise be a plain traditional building into a work of art. The plan itself is a mature excercise in gathering tradition and experiment together to meet a present reality of expected home life.

Le Corbusier led the crusade for a modern revolutionary architecture, mainly with printing, talking and exhibitions. His early work was somewhat confused structurally and spatially. Although his images were startlingly fresh with their strip windows and double volumes, more interest seems to lie with Mies van der Rohe's project for a brick house (1923). Here the wall no longer forms part of the total enclosure of space, instead it becomes the partner of the void, the window and the door are banished and we are left with a labyrinth of parallel solids and voids that stretch out in layers at right angles to each other. It is a De Stjil version of Frank Lloyd Wright. But the real De Stijl comes with the Schroder House (1924), by Gerrit Rietveld. The house has to be understood as an exercise in volume, rather than mass, with its limits between the inside and outside part of the same game. We use the word "game" because the intellectual experiment of setting one plane against another never lost its

37

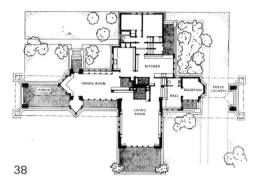

38

39

40

37, 38. F. Ll. Wright, Willitts house, Highland Park, 1902.
39, 40. F. Ll. Wright, Robie house, Oak Park, 1909.

37, 38. F. Ll. Wright, Willitts house, Highland, 1902.
39, 40. F. Ll. Wright, Robie house, Oak Park, 1909.

SPRING CREEK CAMPUS

41

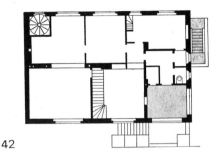

42

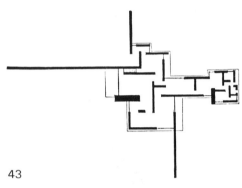

43

44

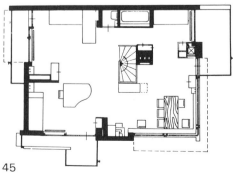

45

Steiner (1910) y Schen (1912), Adolf Loos rompió con la decoración en el exterior y se apoyó preferentemente en el simple juego de proporciones y formas cúbicas. Sus interiores en la Casa Schen se basaron considerablemente en los dispositivos decorativos Arts and Crafts, pero ya dieron señales de sus viajes por Norteamérica con la introducción del cambio de niveles en suelos y techos para diferentes actividades dentro de la casa, concepto al que él daría el nombre de *Raumplan*.

Después de la primera guerra mundial hubo un retorno a una interpretación más sofisticada de la tradición, que nos presenta una evolución más interesante: la Villa Snellman, de Gunnar Asplund, en Djursholm (1917-18), que posee a la vez una comunicación de habitación a habitación y otra por un pasillo. Este se ensancha desde la zona de servicio a la escalera, indicando el equilibrio de la jerarquía social. El hall está abierto a Norte y Sur, lo que produce una dualidad en la entrada de la fachada meridional, dualidad que se soluciona mediante el sólido tratamiento de la puerta frontal, código entendido por todos. Las ventanas de la fachada norte están gradualmente desplazadas entre las plantas baja y superior, sin más razón aparente que la de corregir la ubicación simétrica de esta planta superior en relación con la distribución de la planta baja, aunque sin obtener un ajuste final, ya que también esto causaría un desplazamiento irregular. Sutiles diferencias aparecen en la fachada sur. Hemos tratado algo más extensamente esta casa porque demuestra cuán precisa puede ser la mano de un arquitecto para convertir en obra de arte lo que de otro modo sería un simple edificio tradicional. La propia planta revela un maduro ejercicio en la reunión de tradición y experimentación para satisfacer una realidad presente en lo que se espera de la vida en el hogar.

Mientras, Le Corbusier dirigía la cruzada en pos de una moderna arquitectura revolucionaria, basada principalmente en escritos, charlas y exposiciones, ya que su obra primeriza era un tanto confusa en los aspectos estructural y espacial, y aunque sus imágenes fuesen extraordinariamente frescas, con sus ventanas alargadas y sus dobles volúmenes, parece existir un matiz más interesante en el proyecto de Mies van de Rohe para una casa de ladrillo (1923). En él, la pared ya no forma parte de la reclusión total de espacio, sino que se convierte en compañera del vacío; la ventana y la puerta son eliminadas, quedando un laberinto de sólidos y vacíos paralelos que se extienden en franjas que forman ángulos rectos entre sí. Es una versión De Stijl de Frank Lloyd Wright, pero el auténtico De Stijl viene con la Casa Schroder (1924), de Gerrit Rietveld. Esta casa ha de entenderse como un ejercicio en volumen, marcado con planos más bien que como masa, con sus límites entre interior y exterior como parte de un mismo juego. Utilizamos la palabra juego, porque el experimento intelectual de fijar un plano contra otro nunca ha perdido su muy humano sentido del humor, pues a pesar del hecho de que el edificio sólo es una casa incidentalmente atrapada en este experimento formal, el resultado es alegre y excitante. La planta baja es convencional, pero la superior presentaba el capricho adicional de ser tan sólo una habitación con particiones plegables que se juntan en la escalera central para dividir como convenga. El color es utilizado para destacar los conceptos espaciales, con las superficies pintadas de blanco o con matices de gris, los marcos de puertas y ventanas rojos, azules y amarillos, y los paneles de unas y otras pintados de negro. Aquí, por fin, había un espacio viable que adaptar a las necesidades cambiantes de ocupación, pero más que una invención técnica se trataba de una respuesta intelectual y artística a una particular teoría del arte.

Más abiertamente moderna, y con una sorprendente seguridad, la Casa Lovell (Health), de Richard Neutra (1929), cabalga a través del extremo de un pequeño valle boscoso en Los Angeles, frente a la sólida y monumental Casa Ennis (1924), de Frank Lloyd Wright. No podría ser más diferente de ésta. Flota límpida, nítida y blanca, con sus planta abierta libre de estructura y de paredes. Después de arrebatarle a Schindler su cliente (el doctor Lovell, médico y naturalista progresista), Neutra ya no se detuvo, aunque sí lo hizo el pobre Schindler. Aunque Neutra nunca aportó originalidad alguna a sus casas, efectuó un ejercicio híbrido con los planos abiertos de Wright y Mies, ejecutados en un claro estilo «Internacional», contrastando esas máquinas bien construidas con sus entornos naturales. Era un buen profesional y sus casas son dignas manifestaciones de la Arquitectura Moderna.

Si Neutra era apagado, Eileen Gray, con su Summer House en Roquebrune (1924-1929), tal vez fue demasiado vívido. Combinando el plano abierto con una habitación privada suya, y en esquina para otros casos, prodigó un mobiliario de inspiración mecánica y otros elementos auxiliares confortables de una manera estimulantemente pictórica. La adaptabilidad del espacio de la habitación principal recuerda a Rietveld, pero es más casual y se apoya más en el mobiliario que en la arquitectura. En tanto que la arquitectura de la casa es una yuxtaposición de interiores cuidadosamente diseñados, se ha impuesto un orden general a la casa con las dos terrazas, una encima de la otra y paralela

very human sense of humour —for even though the building is a house caught up in this formal experiment, the outcome is cheerful and exciting. The ground floor is conventional, but the upper floor had the added whim of being just one room with folding partitions that join together at the central staircase to divide at one's pleasure. Colour is used to emphasize the spatial concepts with the surfaces painted either white or shades of grey, the frames around doors and windows red, blue and yellow, and the doors and windows painted black. Here, at last, was a viable space to be adapted to the changing needs of habitation —but more than a technical invention, it was an intellectual and artistic response to a particular theory of art.

More brazenly modern, and with a surprising security, the Lovell (Health) House (1929) by Richard Neutra, strides across the head of a small wooded valley in Los Angeles facing Frank Lloyd Wright's heavy, monumental Ennis House (1924). It couldn't be more different. It floats clean, sharp, and white —its open plan free from structure and free from the walls. After Neutra stole Schindler's client, Dr. Lovell, a progressive naturalist and doctor, Neutra never stopped, though poor Schindler did. Though Neutra never brought any originality to his houses, he did a hybrid exercise with the open plans of Wright and Mies executed in a clear "International" style, contrasting these well made forms with their natural surroundings. He was a good professional, and his houses are confident statements of modern architecture.

If Neutra was dull, then Eileen Gray, with her Summer house at Roquebrune (1924-29), was perhaps too lively. Combining the open plan with a private room of her own and corners for others, she lavished mechanically inspired furniture and other comfort in a stimulating, pictorical way. The spatial adaptablity of the main room reminds one of Rietveld, but is more casual, relying more on furniture than architecture. While the architecture of the home is a juxtaposition of carefully designed interiors, an overall order has been imposed on the house with the two terraces, one above the other, parallel to the coastline, with only the outside kitchen extending into the hill behind. The plan is more personal and revolutionary than Rietveld's in that it does not even possess a moral aesthetic stance. Its casuality is disarming.

A gesture of more radical freedom came unexpectedly from the congested revolutionary scene in Moscow. Just when the individual family was being politically questioned as a valid social factor, Konstantin Malnikov built himself a "solo personality", a home for himself of which "the intimacy of the theme opened grandiose perspectives". The house on Krivoarbatsky Pereulok in Moscow (1927) consists of two intersecting cylinders with skip-level floors. It was a celebration of light with its huge glazed, formal front façade and more than sixty angular windows punched into the remaining walls that make the rear cylinder a giant sieve that allows a healthy breeze to flow through the bedroom areas. The health and purity of modern architecture was proclaimed.

The moral stance was taken up at Stuttgart at the Wessenhof Exhibition in 1927, organized by the German Werkbund under the initiative of Gustav Stotz who invited Mies van der Rohe to be artistic director. They invited foreign participants as well as German contributors. Strangely enough, all the buildings looked alike although there were no pre-conditions. This provoked even Muthesius to criticize the buildings as bowing more to a new formalism rather than containing considerations of rationality, economy and construction. The object of the Weissenhof exhibition was to demostrate the "latest technical, hygienic and aesthetic improvements in domestic architecture". What is certain, however, is that after Wissenhof the modern movement became respectable and no longer confined to a small circle. The flat roof and the use of steel and glass became part of the normal vocabulary of housing: Ernst May in Frankfurt and Martin Wagner in Berlin, as city architects, produced pioneer work in that field after Stuttgart. The house at the exhibition by Le Corbusier, forced a single-story plan into a three-story steel structured building to emphasize the new objectives of freedom from site, freedom from structure and freedom from façade. The plan, a single room, with the wet services at one end, consisted of three layers: a narrow passage, sleeping area of beds and storage, and day room. Apart from some of the housing examples, other houses, although white, with flat roofs and horizontal metal windows, were, as Muthesius complained, traditional.

A year later, Le Corbusier designed his Savoye House (1928-29) in Poissy. It was also a year after his classical *tour de force,* the ville Stein in Garches (1926-27). Again at Poissy, he was to force a simple program into a three-story building, but this time with more reason given to the relaxed wealth available. The almost square building sat alone in a meadow and each façade was treated alike. The servant and entry space on the ground floor had access to the principal floor up an internal ramp or ajoining staircase. Around the central hall were gathered the enclosed livingroom with ajoining kitchen, the large sunterrace and the main and secondary bedrooms. The ramp then continued upwards from the terrace to the roof where there was a sun-lounge and deck. The house was

46

47

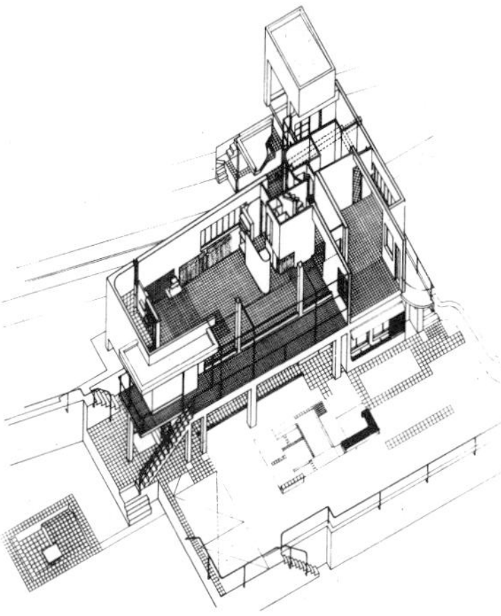

48

41, 42. Adolf Loos, Casa Scheu, Viena, 1912.
43. Ludwig Mies van der Rohe, Proyecto de casa de ladrillo, 1923.
44, 45. Gerrit Rietveld, Casa Schröder, Utrecht, 1924.
46. Richard Neutra, Casa Lovell (Health House), Los Angeles, 1929.
47, 48. Eileen Gray, Summer House, Roquebrune, 1924-1929.

41, 42. Adolf Loos, Scheu house, Vienna, 1912.
43. Ludwig Mies van der Rohe, Brick house project, 1923.
44, 45. Gerrit Rietveld, Schroder house, Utrecht, 1924.
46. Richard Neutra, Lovell (Health) house, Los Angeles, 1929.
47, 48. Eileen Gray, House at Roquebrune, 1924-1929.

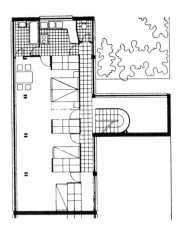

49

50

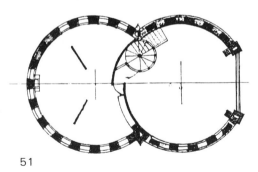

51

52

al litoral, con sólo la cocina exterior extendiéndose hacia la colina posterior. La planta es más personal y revolucionaria que la de Rietveld, en cuanto no posee siquiera una postura estética moral, y su carácter casual desarma.

La postura moral fue adoptada en Stuttgart, en la Exposición Weissenhof 1927 organizada por el Werkbund alemán bajo la iniciativa de Gustav Stotz, quien propuso a Mies van der Rohe que fuese el director artístico. Fueron invitados participantes extranjeros, además de la contribución de los alemanes. Curiosamente, todos los edificios parecían iguales, aunque no hubo precondiciones, y esto hizo que incluso Muthesius criticara los edificios por el hecho de inclinarse hacia un neoformalismo en vez de contener consideraciones de racionalidad, economía y construcción. El objeto de la exposición Weissenhof era demostrar «los últimos perfeccionamientos técnicos, higiénicos y estéticos en arquitectura doméstica». Lo que es seguro, sin embargo, es que después de Weissenhof el Movimiento Moderno se hizo respetable y dejó de quedar confinado a un pequeño círculo. La cubierta plana y el uso de acero y cristal pasaron a formar parte del vocabulario normal de la vivienda; Ernst May, en Frankfurt, y Martin Wagner, en Berlín, como arquitectos municipales produjeron una labor precursora en este campo después de la experiencia de Stuttgart.

La casa de Le Corbusier en esta exposición siguiendo con la planta de una casa aislada la transforma y adapta a un edificio de tres plantas y estructura de acero, para subrayar los nuevos objetivos: libertad de emplazamiento, libertad de estructura y libertad de fachada. La planta, una sola habitación, con los servicios en un extremo, consistía en tres zonas: un estrecho pasillo, zona dormitorio con camas y armarios, y habitación de día. Aparte de algunos de los ejemplos de vivienda, otras casas, aunque blancas, con cubiertas planas y ventanas alargadas, eran, como se lamentó Muthesius, tradicionales.

Un gesto de libertad más radical llegó inesperadamente del incipiente escenario revolucionario en Moscú. Precisamente cuando la familia individual era políticamente puesta en tela de juicio como factor social válido, Konstantin Melnikov se construyó para sí una *solo personality*, un hogar para él en el que «la intimidad del tema abría grandiosas perspectivas». La casa en Krivoarbatsky Pereulok, Moscú (1927), consiste en dos cilindros juntos con suelos de niveles escalonados. Era un canto a la luz con su enorme fachada plana y transparente, y más de sesenta ventanas en ángulo, abiertas en las restantes paredes, lo que hacía del cilindro posterior un gigantesco tamiz que permitía circular

una brisa saludable a través de las zonas dormitorio. La salud y la pureza de la arquitectura moderna quedaban proclamadas.

Un año más tarde, Le Corbusier diseñó su Villa Savoie (1928-1929) en Poissy, un año después de su clásico *tour de force,* en la Villa Stein, en Garches (1926-1927). En Poissy también tuvo que forzar un simple programa en un edificio de tres plantas, pero esta vez con mayor razón dados los medios económicos disponibles, que eran más holgados. El edificio, casi cuadrado, se elevaba solitario en un prado, y por lo tanto cada fachada fue tratada por un igual. El espacio de servicio y la entrada en la planta baja tenía acceso al piso principal mediante una rampa interior o una escalera adjunta. Alrededor del hall central se congregan la sala de estar, cerrada, con cocina anexa, la gran terraza abierta y soleada, y los dormitorios principal y secundarios. La rampa continúa hacia arriba, desde la terraza hasta el terrado, donde hay un solarium. La casa es concebida como un objeto aislado del entorno natural, destacando la índole distante de la versión de la Arquitectura Moderna de Le Corbusier: abstracta, mecánica y autónoma. Una versión más próxima a los objetivos de la arquitectura clásica y académica, que a los inicios funcionales más libres de la misma Arquitectura Moderna.

Mies van der Rohe investigaba siguiendo una línea similar, tal como se muestra en su Casa Tugendhat (1930), en Brno. Una estructura metálica liberaba las paredes, pero aquí éstas no sólo están estrechamente relacionadas con las columnas, sino que sostienen un fascinante diálogo con ellas, deslizándose cerca de las mismas para que *ambas* definan el espacio. Mies prescinde de «pilotes» y utiliza el volumen de la casa para que el jardín quede resguardado de la carretera, e incluso dentro de la casa utiliza paredes desnudas y zonas de servicio como capa protectora para el dormitorio y las principales zonas de dormitorio. Por lo tanto, la casa combina la función con la nueva estética del plano abierto, posible con zonas extensas. Es algo muy distante de los confortables espacios de la Free English Architecture inglesa de fines del siglo XIX y comienzos del XX, así como de la atmósfera doméstica de los planos abiertos de Wright, y parece introducir la frialdad de un nuevo e higiénico enfoque de la vida familiar, más apropiado para el *jet-set* transitorio de un salón de hotel. El manierismo empezaba a infiltrarse en la arquitectura.

La Maison de Verre, de Pierre Chareau (1931) se mostraba más relajada en su fución *ad hoc* respecto al consultorio y vivienda del doctor Dalsace y su esposa, agrupados en un patio detrás de la Rue Saint Guillaume, en París. El uso de ladrillo

conceived as an object apart from the natural surroundings emphasizing the distant nature of Le Corbusier's version of modern architecture —abstract, mechanical and autonomous— a version closer to the objectives of classical and academic architecture, than to the freer functional beginings of modern architecture itself. Mies van der Rohe was investigating along a similiar line as shown in his Tugendhat house (1930) in Brno. A metal structure frees the walls. Here the walls are not only closely related to, but play a fascinating dialogue with the columns, sliding close to them so that *both* define the space. Mies does not bother with "pilotes" and uses the volume of the house to shelter the garden from the road. Even within the house, he uses blank walls and service areas as a layer of protection for the living room and main sleeping areas. The house thus combines function with the new aesthetics of the open plan made possible with large areas. It is a far cry from the cozy spaces of the Free English Architecture of the turn of the century and from the domestic atmosphere of the open plans of Wright. It seems to introduce the coldness of a new hygenic approach to family life, more appropiate to the transient jet set of a hotel lounge. Mannerism was begining to creep back into architecture.

Pierre Chareau's Maison de Verre (1931) was more relaxed in its ad-hoc approach to Dr. and Mme Dalsace's office and home packed in a courtyard behind the Rue St. Guillaume in Paris. The use of glass brick to get the maximum light without sacrificing privacy, and the exposed steel structure to the double height salon, gave a studio effect which allowed the personalization of the space with books and a free disposition of furniture unobtainable with the discipline of Mies or, to a lesser extent the academicism of Le Corbusier. The architect's fascination for the techniques of construction is taken further than function and suggests the poetic. The unusual problem of building the house underneath an existing one contributed to the unusual solution. Like Eileen Gray, Chareau was primarily a furniture and interior designer, which suggests that the attention placed to the design of a home inside outwards is one that should not be neglected. This was the case of Gunnar Asplund when he designed his Summer House (1937) in Sounda. A simple shed where the passage is conserved to link the kitchen-dining area at one end with the living room-study at the other. The living room has its own wider roof, which collides casually with the other at an open angle just where the pivotal chimney is. The floor is four steps lower and serves as the main sleeping area as well as the main room. The bathroom is in a building apart. This simple construction,

with its play of levels and care of ordinary detailing, represents a relaxed design attitude that together with many other Scandinavian buildings was to have an enormous influence on post-war housing when modern architecture came to terms with its social mission.

Before that, Aalto built his "Maerea" house (1938-39) and Wright his "Falling Water", (1936-39) for the Kaufmans.

The Villa Maerea, like all Finland, stands in the middle of a monotonous pine forest. The house is unusual in having a large area dedicated to the housing of an art collection that was to be integrated into the daily life of the family. The plan, on the ground floor, consists of a rectangle containing the service area, and a large, square multi-purpose room. This is separated from the former with a more formal dining room and lower entrance hall. Apart from the service area it has, in effect, an open plan articulated with free-standing columns and corner greenhouse and contains movable cupboard partitions which enclose a study area. The staircase, enclosed with irregular attached wooden poles, rises from this space instead of the hall, to a vestibule with fireplace above. This vestibule divides the upper floor between the children's play area and the parents, suite including studio. From the play area leads four bedroom cubicles and an open-air terrace over the dining room. The rest of the floor is taken up with servants, rooms and storage. This upper floor has no architectural relationship with the ground floor and defies all reasonable compositional laws yet it seems to work. The outside of the house, which forms an angle of a sheltered courtyard, is completed with a grass-roofed sauna and porch. What excited the imagination of architects was that in this house, Aalto seemed to have merged the freedom of post and beam construction without resorting to the formality of Le Corbusier or rigidity of Mies, with the freedom of traditional materials, in this case wood, stone and plaster. He also showed how to be free from the rectangle, in this case with minor elements like the entrance canopy, fireplaces, the studio and swimming pool. All this led to a softer, homey atmosphere that now seemed possible without stepping out from the modern movement. It was the house of our childhood memories.

On the other side of the Atlantic, appropriately, there was built another type of dream house of the future, by Wright. The impossible image of Falling Water was a spur to a future that was beyond reality. Its floating terraces and deep shadowed porches, one above the other, held fast only by the stone chimney stack and glazed corner-window of the staircase, seemed to hold nothing. A house that was not there, only

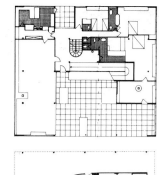

53

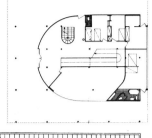

54

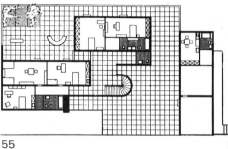

55

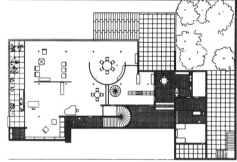

56

49. Le Corbusier, Casa de acero, Weissenhof, Stuttgart, 1927.
50, 51. Konstantin Melkinov, Casa Krivoarbatsky, Moscú, 1927.
52. Le Corbusier, Villa Stein, Garches, 1927.
53, 54. Le Corbusier, Villa Savoie, París, 1928-1929.
55, 56. Ludwig Mies van der Rohe, Tugendhat house, Brno, 1930.

49. Le Corbusier, Steel house, Weissenhof, 1927.
50, 51. Konstantin Melkinov, Krivoarbatsky house, Moscow, 1927.
52. Le Corbusier, Villa Stein, Garches, 1927.
53, 54. Le Corbusier, Villa Savoye, Paris, 1928-1929.
55, 56. Ludwig Mies van der Rohe, Tugendhat house, Brno, 1930.

57

58

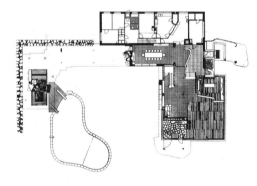
59

57. Pierre Chareau, Maison de Verre, París, 1931.
58, 59. Alvar Aalto, Villa Mairea, Noormarkku, 1938-1939.

57. Pierre Chareau, Maison de Verre, París, 1931.
58, 59. Alvar Aalto, Villa Mairea, Noormarkku, 1938-1939.

vidriado para obtener un máximo de brillo sin sacrificar intimidad, y la estructura de acero vista en el salón de doble altura confirieron un efecto de estudio que permitía la personalización del espacio con libros y una libre disposición de mobiliario no obtenida con la disciplina de Mies o, a menor escala, con el academicismo de Le Corbusier. La fascinación de los arquitectos ante las técnicas de construcción llega más allá de la función y sugiere lo poético. El problema inusual de construir la casa debajo de otra ya existente contribuyó a la solución también inusual. Como Eileen Gray, Chareau era ante todo un diseñador de mobiliario y de interiores, lo que sugiere que la atención prestada al diseño de una casa desde el interior al exterior no es cosa que deba ser negligida.

Este fue, naturalmente, el caso de Gunnar Asplund cuando proyectó su casa veraniega (1937) en Sounda. Un simple cobertizo donde se conserva el pasadizo para unir la cocina-comedor en un extremo con el estudio-sala de estar en el otro. La sala de estar tiene su propia cubierta más amplia, que entra en contacto con la otra en un ángulo abierto, precisamente allí donde está la chimenea pivote. El suelo es cuatro escalones más bajo y sirve tanto de zona de dormitorio principal como de habitación principal. El cuarto de baño se encuentra en un edificio aparte. Esta simple construcción, con su juego de niveles y su atención a los detalles ordinarios, representa una actitud de diseño relajada que, junto con otros muchos edificios escandinavos, ejercería una enorme infuencia en las viviendas de posguerra cuando la Arquitectura Moderna se puso a la altura de su misión social.

Pero antes Aalto construyó su Villa Mairea (1938-1939) y Wright su Falling Water (1936-1939) para los Kaufmann.

La Villa Mairea, como toda Finlandia, se alza en medio de un monótono bosque de pinos. La casa tiene un carácter especial por el hecho de disponer de una amplia zona destinada a alojar una colección de arte que había de integrarse en la vida cotidiana de la familia. La planta baja consiste en un rectángulo que contiene el área de servicio, una gran habitación cuadrada para múltiples finalidades, separada de la primera por un comedor más formal y un vestíbulo de entrada más bajo. Aparte de la zona de servicio, tiene en realidad un plano abierto, articulado con las columnas independientes y una habitación jardín en la esquina, y contiene particiones a base de armarios movibles que circundan una zona de estudio. La escalera, flanqueada por elementos de sección circular de madera, irregularmente situados, asciende desde este espacio, en vez de hacerlo desde el hall, hasta un vestíbulo superior con chimenea. Este divide el piso superior en-

tre la zona de juego de los niños y la estancia de los padres, incluido el estudio. Desde la zona de juego se llega a cuatro dormitorios y una terraza al aire libre sobre el comedor. El resto de la planta está ocupado por las dependencias de servicio y zonas de almacenaje. Esta planta superior no guarda relación arquitectónica con la planta baja y desafía toda ley razonable de composición, y sin embargo resultan acordes. El exterior de la casa, que forma un ángulo de un patio cubierto, se completa por una sauna con cubierta vegetal y un porche. Lo que excitó la imaginación de los arquitectos fue el hecho de que, al parecer, en esta casa Aalto dio la impresión de haber fusionado la libertad de la construcción a base de pilar y viga, sin recurrir a la formalidad de Le Corbusier o a la rigidez de Mies, con la libertad de uso de materiales tradicionales, en este caso madera, piedra y yeso. Y también demostró cómo librarse del rectángulo, en esta ocasión con elementos menores como el toldo de la entrada, chimeneas, estudio y piscina. Todo esto condujo a una atmósfera hogareña más suave que ahora parecía ya posible sin salirse del Movimiento Moderno. Era la casa de nuestros recuerdos de la infancia.

Al otro lado del Atlántico Wright construyó otro tipo de casa de ensueño, del futuro. La imagen imposible de Falling Water fue un acicate para un futuro que se encontraba más allá de la realidad. Sus terrazas flotantes y sus porches profundos y umbríos, unos sobre otros y sustentados únicamente por la chimenea de piedra y el ventanal angular de la escalera, daban la impresión de no sostener nada, una casa que no estuviera allí sólo con la presencia del bosque secreto y la cascada. Las blancas franjas horizontales de los balcones suscitaban recuerdos del «mundo feliz» de la Arquitectura Moderna, y junto con los extraordinarios voladizos parecían estimular la fe en la expresión de la moderna tecnología, irónicamente lo que menos buscaba Wright.

Esto no halló adecuada respuesta hasta que Charles y Ray Eames construyeron su casa en Santa Mónica (1949) con productos manufacturados estándard, seleccionando deliberadamente la frágil variedad de peso ligero. Era una arquitectura de prefabricación y de producción en serie, como las escuelas de Hertfordshire, en Inglaterra, y en espíritu e imagen más próxima a la realidad. Pero aparte de unos pocos ejemplos posteriores en la propia California, y los ejemplos llamados *high-tech* en Inglaterra, no consiguió establecerse como modelo, probablemente debido a su carencia de la permanencia buscada cuando se construye una casa. Su casual cualidad nómada es ajena a las aspiraciones conceptuales de la cultura ordi-

the secret forest and the waterfall. The white horizontal bands of the balconies stirred memories of the brave new world of modern architecture, and together with the extraordinary cantilevers, seemed to encourage faith in the expression of modern technology, ironically, the last thing that Wright was after.

This found no adequate response until Charles and Ray Eames built their house in Santa Monica (1949) with standard manufactured products, deliberately selecting the more fragile, light weight variety. It was an architecture of pre-fabrication and of mass-production like the Hertfordshire schools in England, and in spirit and image closer to reality. Apart from a few later examples in California itself, and the so called "high-tech" examples in England, it failed to establish itself as a model, probably due to its lack of permanence that is looked for when building a home. Its casual workshop nomadic quality is alien to the conceptual aspirations of ordinary culture, although in the Eames house, it came about precisely through an understanding of the reality and delight of the ordinary: a paradox of reality that seems to haunt the rooms of modern architecture.

While the Eames lanced towards the future, the European pioneers polished their pre-war models with influential reminders to the unsettled post-war minds of what architecture was about. Neutra, with his Desert House (1945) for Edgar Kaufmann in Palm Springs, California, reached the peak of International Style principles; Mies with a rather dull aedicula of his public work with a weekend pavilion, the Farnsworth house (1945-51), in Plano, Illinois, instead of Barcelona; and Marcel Breuer with a mellowed cubism for his own weekend house in New Canaan, Connecticut (1947), a timber sheathed cabin with exposed cables tensed to support an enormous terrace floating in the air above the fields.

The first loosening up of the self-imposed discipline of the pioneers came from the colorful personality of Philip Johnson. His "Glass House" in New Canaan (1945-49) domesticated Mies by being more economical through fusing functions like, combining structure with the window mullions, allowing the house to rest on the ground, and including bathroom and fireplace within a cylinder placed intuitively within the single enclosed rectangle. But perhaps the most significative detail was his deliberate break with the module by using a brick floor laid in a herringbone pattern that allowed the furniture to be pushed around at will. It is a house that holds a curious reminder of the roots of the Modern Movement: the Arts and Crafts and the Free English Architecture.

Johnson's Early Warning of the awaken-

ing historical consciousness of Modern Architecture did not prepare architects for the shock of Le Corbusier's Jaoul houses in Neuilly, Paris (1952-54). The rawness of its natural materials, its resort to the vernacular vocabulary, in this case the Catalan vault, introduced a visual "brutalism" that opened the door of history to Modern Architecture that was easy to understand. Josep Lluis Sert, a disciple of Le Corbusier, also dug into history, this time for a model upon which he could design an urban house. The Mediterranean court dwelling, evolved as a climatic defense against heat, was used as a protection of privacy in his own home in Cambridge, Mass (1958). All the major windows face a court which in turn becomes an additional outside living room. The novelty being the courts attached to the outside of the house, enabling the plan to generate closely packed cluster dwellings while at the same time maintaining privacy.

With his Fisher House (1960) in Hatboro, Pennsylvania, Louis Kahn juxtaposed two cubes at 45° that collide in a haphazard way to upset all the known canons of modern architectural composition. It dismantled criticism for its easy functionalism and historical awareness. The angled plans came from the classical Acropolis and Forum. The deep set windows, from the medieval castle, fight to regain the atmosphere of filtered light within the thin-skinned timber walls. Kahn kindled the fire of free creativity back into architecture.

Venturi took up the challenge of Kahn and added complexity and richness of vocabulary to an architecture that was inclusive rather than exclusive. He merged low and high culture and obviously enjoyed being the *enfant terrible* of the sixties. In his house for his mother, the Venturi house (1962) in Chestnut Hill, Philadelphia. The rooms twist themselves to be related to the central chimney where both the entrance and ridge of the pitched roof meet.

But if Venturi flew too high for fashion to follow, then Charles Moore filled the gap with a bracing start with his Sea Ranch houses (1965-66) together with Lydon, Turnbull and Whitaker. Contextualization took over accompanied by signs of cultural decay.

It was left to the seventies to find an answer.

60

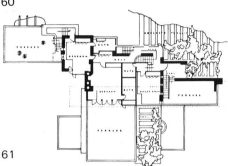

61

62

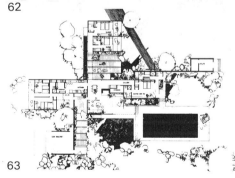

63

60, 61. F. Ll. Wright, Casa de la Cascada, Bear Run, 1936.
62. Charles & Ray Eames, Casa en Santa Mónica, 1949.
63. Richard Neutra, Desert house, Palm Springs, 1945.

60, 61. F. Ll. Wright, Kaufmann house Falling Water, Bear Run, 1936.
62. Charles & Ray Eames, house in Santa Monica, 1949.
63. Richard Neutra, Desert house, Palm Springs, 1945.

64

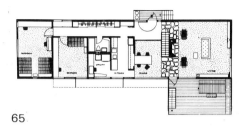

65

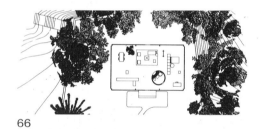

66

67

naria, aunque en la Casa Eames precisamente se consiguió a través de una comprensión de la realidad y una complacencia en lo ordinario. Una paradoja de realidad que parece impregnar las habitaciones de la Arquitectura Moderna.

Mientras los Eames se lanzaban en pos del futuro, los precursores europeos pulían sus modelos de preguerra con influyentes recordatorios, para las inquietas mentalidades de la posguerra, de lo que pretendía la arquitectura. Neutra, con su Desert House (1945) para Edgar Kaufmann, en Palm Springs, California, llegó al ápice de los principios del Estilo Internacional; Mies, con edículo bastante gris de su obra pública con un pabellón de fin de semana, la Casa Farnsworth (1945-1951) en Plano, Illinois, en vez de Barcelona; y Marcel Breuer con un cubismo más suavizado para su propia casa de fin de semana en Canaan, Connecticut (1947), una cabaña revestida de madera con cables expuestos tensados que soportan una enorme terraza flotante en el aire, sobre los campos.

El primer relajamiento a partir de la disciplina autoimpuesta de los precursores procedió de la pintoresca personalidad de Philip Johnson. Su Casa de vidrio, en New Canaan (1945-1949), domesticó a Mies al ser más económica gracias a la fusión de funciones similares, combinando la estructura con los portaluces de las ventanas, permitiendo que la casa reposara en el suelo, e incluyendo cuarto de baño y chimenea en el interior de un cilindro emplazado intuitivamente dentro del único rectángulo incluido. Sin embargo, es posible que el detalle más significativo fuese su deliberada ruptura con el módulo, utilizando un suelo de ladrillo según un patrón de espiga que permite desplazar el mobiliario a voluntad. Es una casa que contiene una curiosa remembranza de las raíces del Movimiento Moderno: el Arts and Crafts y la Free English Architecture.

El primer aviso de Johnson acerca del despertar de la conciencia histórica de la Arquitectura Moderna no preparó a los arquitectos para el impacto de las casas Jaoul, de Le Corbusier, en Neuilly, París (1952-1954). La tosquedad de sus materiales naturales, su recurso al vocabulario vernáculo, en este caso la bóveda catalana, introdujeron un «brutalismo» visual que abrió la puerta de la historia a la Arquitectura Moderna, que resultará de fácil comprensión.

Josep Lluis Sert, discípulo de Le Corbusier, también ahondó en la historia, esta vez en busca de un modelo sobre el cual pudiera diseñar una casa urbana. La vivienda mediterránea con patio, que había evolucionado como defensa climática contra el calor, fue utilizada como protección de la intimidad en su propia casa de Cambridge, Mass. (1958). Todas las ventanas principales dan a un patio que a su vez se convierte en sala de estar adicional exterior. La novedad son los patios anexos al exterior de la casa, lo que permite a la planta generar moradas densamente apiñadas al mismo tiempo que mantiene la intimidad hogareña.

Con su Casa Fisher (1960) de Hatboro, Pennsylvania, Louis I. Kahn yuxtapuso dos cubos a 45° que colisionan casualmente para trastornar todos los cánones conocidos de la moderna composición arquitectónica. Esta casa desarmó a la crítica con su fácil funcionalismo y su conciencia histórica. Los planos angulados proceden de la Acrópolis y del Forum clásicos por igual. Las ventanas, profundamente enclavadas, a lo castillo medieval, pugnan por conseguir una atmósfera de luz filtrada dentro de la delgada piel de las paredes de madera. Kahn reavivó el fuego de la libre creatividad en la arquitectura.

Venturi recogió el reto lanzado por Kahn y agregó complejidad y riqueza de vocabulario a una arquitectura que era inclusiva más bien que exclusiva. Fusionó baja y alta cultura y disfrutó evidentemente con su actitud de *enfant terrible* de la década de los años sesenta. En la casa que hizo para su madre, la Casa Venturi (1962) en Chestnut Hill, Filadelfia, las habitaciones se retuercen para entroncarse con la chimenea central, donde a la vez se encuentran la entrada y el borde de la cubierta inclinada.

Pero si bien Venturi voló a demasiada altura como para ser seguido, Charles Moore vino a llenar el hueco mediante un audaz punto de partida con sus casas Sea Ranch (1965-1966), junto con Lydon, Turnbull y Whitaker. La contextualización se impuso, acompañada por signos de decadencia cultural.

A los años setenta les correspondería encontrar una respuesta.

64. Ludwig Mies van der Rohe, Farnsworth house, 1945-1951.
65. Marcel Breuer, New Canaan, 1947.
66, 67. Philip C. Johnson, Casa de vidrio, New Canaan, 1945-1949.

64. Ludwig Mies van der Rohe, Farnsworth house, 1945-1951.
65. Marcel Breuer, New Canaa, 1947.
66, 67. Philip C. Johnson, Glass house, New Canaan, 1945-1949.

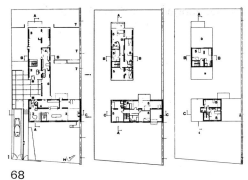

68

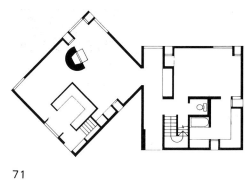

71

69

72

73

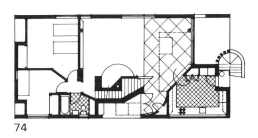

70

74

75

68, 69. Le Corbusier, Casas Jaoul, París,
1952-1954.
70. Josep Lluís Sert, Vivienda propia,
Cambridge, Estados Unidos, 1958.
71, 72. Louis I. Kahn, Fisher house, Hatboro, 1960.
73, 74. Robert Venturi, Casa Venturi,
Chestnut Hill, 1962.
75. Moore, Lydon, Turnbull, Whitaker,
Sea Ranch, 1965-1966.

68, 69. Le Corbusier, Jaoul house, Paris,
1952-1954.
70. Josep Lluís Sert, Own house, Cambridge, 1958.
71, 72. Louis I. Kahn, Fisher house, Hatboro, 1960.
73, 74. Robert Venturi, Venturi house,
Chestnut Hill, 1962.
75. Moore, Lydon, Turnbull, Whitaker,
Sea Ranch, 1965-1966.

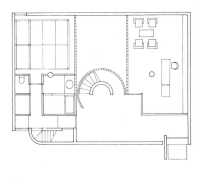 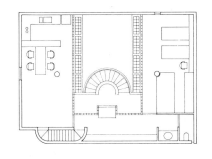

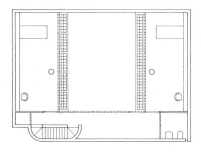 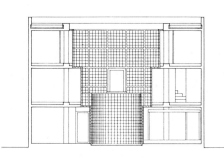

Casa Glass Block
Residencia Ishihara, Osaka, Japón, 1980
Arquitecto: Tadao Ando

La casa está situada en la zona urbana de Osaka, donde se mezclan fábricas pequeñas, almacenes y residencias. No es el mejor entorno para viviendas, puesto que el polvo y el humo de las fábricas cercanas contaminan el ambiente.

El edificio se compone de la residencia para padres e hijos, y de las oficinas del negocio de muebles de los propietarios.

Tiene tres plantas y la composición del plano sitúa las habitaciones a cada lado del patio; en la composición de alzado distribuye la zona pública en el nivel más bajo y la privada en el más alto. Dadas las condiciones ambientales adversas del uso mixto y de la alta densidad de la ciudad, el arquitecto optó por el aislamiento rechazando la comunicación contextual con una pared lisa de hormigón, concentrando la comunicación con el exterior a través del medio exclusivo de un patio interior. Este paso hacia la protección total del espacio exterior dentro del núcleo de la vivienda es común en toda situación de casas sometidas a condiciones adversas. Las casas con patio irrigado de los árabes, que, frente a los tórridos vientos del desierto, reflejaban la cúpula del cielo universal que une la inmensidad del espíritu interior con la inmensidad del mundo más allá, es una arquitectura de la que cabe afirmar que refleja, que moldea incluso, las creencias religiosas de sus habitantes. Había también casas con patio en la ciudad medieval europea, en cuyos patios los propietarios se apeaban de sus carruajes, totalmente protegidos de los peligros de la calle. Por consiguiente, el retorno a este modelo histórico sólo es radical como una

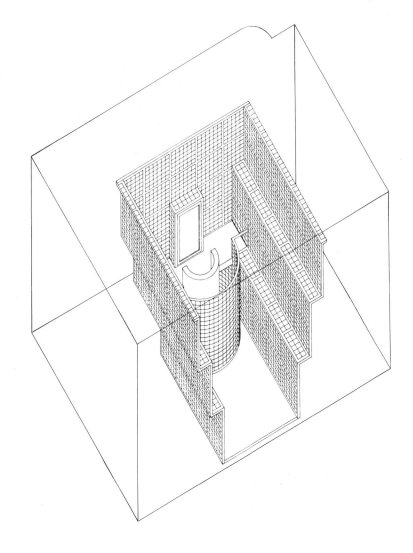

1. Planta baja.
2. Planta primera.
3. Planta segunda.
4. Sección.
5. Axonométrica.
6. Exterior. Fachada del acceso.

1. Ground floor plan.
2. First floor plan.
3. Second floor plan.
4. Section.
5. Axonometric.
6. Exterior. The entrance façade.

nueva réplica al empeoramiento de las condiciones de la vida en el interior de una ciudad, y como una apelación al derecho a disfrutar del silencio y los aromas del propio jardín o patio, como un cordón umbilical que una con la experiencia de la Naturaleza.

Pero si el patio es pequeño, se trunca entonces la intimidad entre los habitantes. Tadao Ando ha construido las paredes del patio con bloques de vidrio que permiten la transparencia de la luz al tiempo que interceptan la vista. Los ha manipulado de tal modo que el patio se abre hacia el cielo, como un capullo floreciente, escalonándose de tal modo que una gradación de sombra corresponde a la gradación de volumen físico. Es como si las paredes de vidrio de la Maison de Verre, de Chareau, construida en París en 1928, hubieran vuelto a la vida en una situación similar, pero en una cultura diferente.

La residencia Ishihara capta la substancia esencial de la existencia, la oportunidad de ser uno mismo en el lugar propio, de modo que desde su interior uno pueda hacer las paces con el exterior. Para asegurar este punto, tal vez Tadao Ando se haya mostrado demasiado contundente, a la vez que radical, pero la realidad de la necesidad de una supervivencia espiritual en las caóticas y ofensivas condiciones urbanas ha sido reconocida.

Glass Block House
Ishihara Residence, Osaka, Japan, 1980
Architect: Tadao Ando

The house is located in the city area of Osaka, where small factories, stores and residences are mixed. It is not the best environment for homes because dust and smoke pollution spout out from the neighboring factories.

The building is composed of the residence of the parents, the sons, and the office of the owner's furniture company.

It has three floors. The composition of the plan sets the rooms on either side of the court and, in the sectional composition, distributes the public zone on the lower level and the private on the higher level. Given the adverse environmental conditions of the mixed use and high density of the city, the architect opted for isolation by rejecting contextual communication with a blank concrete wall. He concentrated the connection with the exterior through the exclusive means of an internal court. This step towards the total protection of the outside space within the heart of the home is common to all those situations where houses are in adverse conditions. The courtyard homes of the Arabs, watered against the hot desert winds, reflect the domed vault of the universal sky uniting the immensity of the internal spirit with the immensity of the world beyond. It is an architecture that could be said to

reflect, or even to mold, the religious beliefs of its inhabitants. There were also courtyard houses in the medieval European city, dwellings into which the owners alighted from their carriages in complete protection from the dangers of the street. The return to this historical model is radical only as a new reply to the worsening conditions of inner city life and a claim to the right to enjoy the silence and breath of one's own garden, or court, as an umbilical cord to the experience of Nature. But if the court is small, then the privacy between the inhabitants is disturbed. Tadao Ando has made the walls of the court with glass blocks that allow the transparency of light but intercepts the view. He has manipulated them in such a way

that the court opens upwards towards the sky, like a budding flower, stepping out so that a graduation of shade and a shadow of light correspond to the graduation of physical volume. It is as though the glass walls of Chareau's "Maison de Verre", built in Paris in 1928, have come to life again in a similiar situation but in a different culture. The Ishihara residence grasps at the essential substance of existence, the opportunity to be oneself in one's own place, so that from within one can come to terms with the without. To secure this he has been perhaps too brutal, as well as radical, but the reality of the necessity of spiritual survival in the chaotic and offensive urban conditions has been recognized.

7. El patio. Mirando hacia la escalera.
8. El patio. Vista desde el despacho hacia la sala tatami.
9. El cerramiento del patio.

7. The courtyard. Looking towards the staircase bay.
8. The courtyard. View from the office towards the tatami room.
9. The courtyard walls.

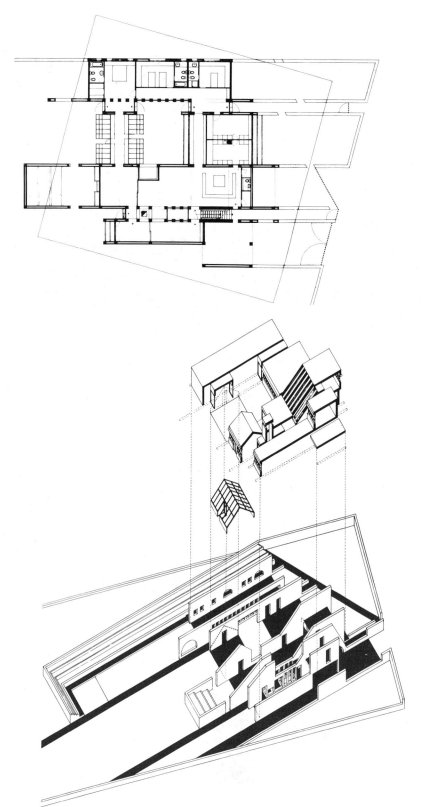

Casa en Pisa, Italia, 1978
Arquitecto: Gae Aulenti

Si los años sesenta hicieron hormiguear nuestra sangre con la excitación de una solidaridad contra una democracia decrépita y evanescente que nos implicaba en acciones más allá de nuestro control, los setenta tendieron más bien a congelar nuestra sangre en el narcisismo de la auto-supervivencia, en vista de la inutilidad de esperar un cambio. Más que nunca, la tentación de escapar de lo público a lo privado, a la casa como castillo de las propias utopías, se apoderó de los clientes y sus arquitectos. Fue tan sólo la tenacidad de la fe en lo cívico lo que evitó que las campanas doblaran por el fin del futuro. Una manera de evitar la trampa del narcisismo era tratar la casa como objeto abierto que ganara en significado positivo cuanto más mimara el proceso de diseño el contexto más amplio de ciudad. Ya que la casa no puede absorber todas las complejas condiciones de la vida urbana, es necesario efectuar algunas opciones arbitrarias entre los diferentes valores, y es aquí donde cabe dar satisfacción al habitante de la casa, porque él se arrogará como propios aquellos valores a los que responda con mayor agrado. Al arquitecto le corresponde dar forma a estos valores y añadir aquellos otros, propios, que a través de una elección poética intuitiva crearán un lugar que provoque una respuesta positiva a un ambiente estético.

Gae Aulenti plantea esa cuestión del hogar que es más que una casa hasta convertirse, para ella y para nosotros, en parte de la ciudad. Creando una serie de muros paralelos, permite a la ciudad penetrar en la casa a fin de que se convierta en el edículo de las calles. Y es que la pared nos sitúa en el interior o bien en el exterior, según sea nuestro talante o lo que estemos haciendo. La pared es la misma base de la ciudad, ya que hasta que se construye la pared la calle no existe. La pared es también la base de nuestra existencia territorial, puesto que abarca ese lugar que nos adjudicamos como propio y desde el que salimos para unirnos al mundo, y al que nos retiramos para una regeneración en la soledad.

El ritmo paralelo sincopado de paredes estrechas y anchas que se extienden a través de un lugar, sesgadas para subrayar las antiguas líneas de propiedad frente a la pauta de la calle, capta la casa de un modo incidental.

Por consiguiente, desde un buen principio la idea de transferir la ciudad a la casa a través del énfasis del elemento pared es tratada más bien como una idea abstracta en la que se basa el proceso del diseño, que como una conexión real con la ciudad. Es obvio que si la casa ha de funcionar

1. Planta.
2. Axonométrica.
3. El patio jardín posterior entre los dormitorios, a la izquierda, y la sala de estar. El invernadero todavía no ha sido construido.
4. El estudio.

1. Plan.
2. Axonometric.
3. The back garden court between the bedrooms on the left and the living room. The greenhouse has not yet been built.
4. The studio.

como un hogar y desea evitar el ser una isla física y psíquica, puede transferirse a sí misma parte del escenario de la ciudad, pero al propio tiempo debe excluir la ciudad a fin de obtener las apropiadas condiciones del lugar personalizado que constituye el hogar. La verdad de esta paradoja radica en la elección arbitraria que se ha de hacer, y si, como en esta casa, la elección no es normal, como el tratamiento de la superficie en la fachada, el resultado es entonces un experimento que, debido a su escala, no puede competir con la ciudad, y entonces, por su misma naturaleza, se excluye de la comprensión corriente. Esta elección tiende a negar el valor del exterior en favor de un interior muy agradable donde el sentido de las cualidades estéticas de lugar, entre las paredes, y a través y más allá de ellas, es experimentado por encima de todo.

5. La sala de estar.
6. Vista a través de la sala de estar.
7. El estudio.
8. El dormitorio principal.

5. The living room.
6. The living room looking through.
7. The study.
8. The main bedroom.

The sixties tingled our blood with the excitement of solidarity caused by the revolt against a decrepit and vanishing democracy that involved us in actions beyond our control. The seventies were more inclined to congeal our blood in the narcissism of self survival, given the hopelessness of expecting a change. More than ever, the temptation to escape from the public to the private, to the home as one's castle, bore down upon homebuilders and their architects. It was only the tenacity of faith in the civic that avoided sounding the death knell of the future.

One way of avoiding the trap of narcissism was to treat the house as an open object which could gain in positive meaning and significance the more the design process cherished the wider context of the city. Since the house cannot absorb all the complex conditions of urban life, some arbitrary choices have to be made between the different values. It is here that satisfaction can be given to the home dweller because he will claim as his own those values to which he reponds most agreeably. It lies with the architect to give form to these values and to add those of his own which will, through intuitive poetic choice, create a place that will provoke a positive response to an aesthetic atmosphere.

Gae Aulenti plants this suggestion of a home being more than a house so that it becomes for her and for us, part of the city. By setting up a series of parallel walls, she allows the city to penetrate into the house so that it becomes the aedicula of streets. For the wall places us either on the inside or outside depending on our mood and what we are doing. The wall is the very basis of the city, for until the wall is built the street does not exist. The wall is also the basis of our territorial existence. It encloses that place which we claim as our own and of which we go out to join the world, and to which we retreat for regeneration in solitude or with those with whom we are at home.

The syncopated parallel rhythm of narrow and broad walls that stretch across the site, tilted to emphasize the old property lines against the street pattern, catches the house in an incidental way.

So, from the very beginning, the idea of transferring the city to the house throught the emphasis on the wall element is treated more as an abstract idea upon which the process of the design is based, isolated from the city itself. It is obvious that if the house is to work as a home and wishes to avoid being a physical and psychical island, it can transfer part of the city scene to itself. At the same time, it must exclude the city to obtain the right conditions of a

personalized place which constitutes the home. The truth of this paradox lies in the arbitrary choice that has to be made. If as in this house, the choice is not normal, like the treatment of the surface in the façade, then the result is an experiment which, because of its scale, cannot compete with the city. Then by its very nature it excludes itself from ordinary comprehension. This choice tends to negate the value of the exterior in favor of a very fine interior where the sense of the aesthetic qualities of place, between, through and beyond walls is eminently experienced.

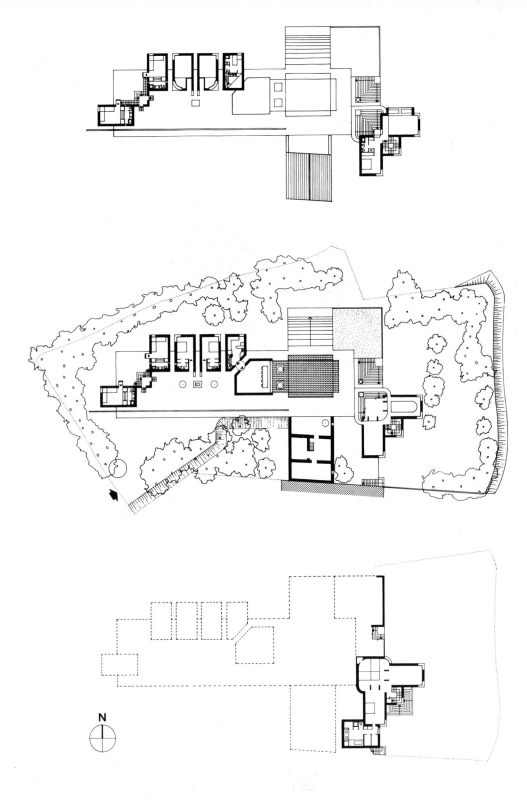

Casa en Mont-ras, Gerona, España, 1973-1975
Arquitecto: Ricardo Bofill
Taller de Arquitectura

Se ha adoptado una versión urbana radicalmente diferente en el diseño de una casa al reconsiderar las funciones como fracciones de un todo. Este hogar es una colección de casas que evoca la relación tribal entre las diferentes clases y actividades de campamento, castillo o monasterio feudal. Una casa para verano y fines de semana ha facilitado la oportunidad para encaminarse al diseño sin trastornar las pautas establecidas de los hábitos de vida observados durante la semana. A diferencia de la Casa Johnson, en New Canaan, más relajada y casual, Bofill ha creado conscientemente un escenario en el que la forma de actuación ya ha sido determinada. Esto fomenta una tensión subyacente entre la arquitectura y el ususario, incluso allí donde han sido marcadas la flexibilidad y las opciones alternativas. En aparente contradicción con el enfoque radical consistente en liberalizar las unidades familiares en partes independientes, esta tensión se produce precisamente porque antes se ha determinado cómo han de operar las fracciones en relación unas con otras. Desde luego, incluso en las casas más tradicionales la arquitectura determina el espacio, pero al evitar las divisiones tajantes, primero al colocarlo todo bajo un techado, y en segundo lugar al instalar blandos espacios intermedios que difuminan las separaciones, se establece la comodidad a través del hábito de imágenes identificables que permiten al usuario «sentirse como en su casa» y tomar posesión mediante la dialéctica de la personalización.

En Mont-ras, la arquitectura mantiene una omnipresencia en la jerarquía del orden y la liturgia de la vida. La vivienda principal para los padres del arquitecto, al final de un largo camino axial de entrada junto a un alto muro de ladrillo, se eleva sobre el podium con escalones monumentales y yermas paredes de ladrillo que le imponen un aparte respecto a la vida en el patio, de modo semejante a los apartamentos en una «torre del homenaje» medieval. En el centro del patio hay un comedor cuadrado a un nivel inferior y contiguo a la piscina. Hay anexa un ala para cocinas y servicio al otro lado, que se confunde con el par de células familiares de doble altura y cama de matrimonio que constituyen el centro de un pequeño grupo de edificios. En el extremo, unas células idénticas cierran el patio con cuatro apartamentos separados en dos edificios para niños o huéspedes. Entre el comedor y la «torre del homenaje» de los padres está la piscina, que refleja los límites exactos de la

N

1. Planta del nivel superior de la casa de los padres y pabellones de los invitados.
2. Planta a nivel del jardín, con el pabellon comedor y el pabellones de los invitados.
3. Planta del nivel inferior de la casa de los padres.

1. Plan of the upper level of the parents home and guest pavilions.
2. Plan at garden level with dining and guest pavilions.
3. Plan of the lower level of the parents home.

masía en ruinas. Como eco de esta ruina y mirando hacia ella por encima de la piscina hay una terraza soleada y escalonada, enlazada a la casa de los padres por un alto muro alrededor del ángulo noreste, que es interrumido por escalones en ángulo que prolongan la terraza descendiendo hasta el huerto. El hall de este hábitat es este salón real limitado perimetralmente, pero al aire libre, con el «fuego en su centro» sustituido por el comedor. No cabe duda de que se ha evocado la imagen de la vida primitiva, y la leve exageración en la escala de la arquitectura viene a reforzar esta imagen. Por otra parte, vista desde el exterior, hay una ruptura en la escala de la casa que le permite arrimarse al grupo de casas de campo existente entre los árboles y malezas en el lindero de la colina. Su estilo evoca el pueblo vacío y medio en ruinas de Mont-ras visto desde cierta distancia. La arquitectura es una mezcla entre las formas primitivas de Louis I. Kahn y la simplicidad de José Antonio Coderch, que refleja el carácter llano y disciplinado de los edificios catalanes medievales.

4. El campamento desde el podio de la casa de los padres, con el pabellón comedor en el centro.
5. Vista exterior; el pabellón de los padres goza de las mejores vistas.

4. The encampment from the podium of the parents home with the dining pavilion in the center.
5. Exterior showing the owners pavilion commanding the finest views.

House in Mont-Ras, Gerona, Spain
1973-1975
Architect: Ricardo Bofill.
Taller de Arquitectura

A radically different urban approach to the design of a house has been adopted in reconsidering the functions as fractions of the whole. The home is a collection of houses evoking the tribal relationship between the different classes and activities of the feudal encampment, castle or monastery. A summer and week-end house has provided the opportunity for this approach to the design without upsetting the established patterns of living habits followed during the week. Unlike the Johnson house in New Caanan which is more relaxed and casual, Bofill has self-consciously set a stage upon which the manner of acting has already been determined. This sets up an underlying tension between the architecture and the user where even the flexibility and alternative choices have been marked. This comes about, in seeming contradiction to the radical approach of liberalizing the fractional family units into independent parts, precisely because it has been previously determined how the fractions are to operate in relation to each other. Of course, even in more traditional houses, architecture determines the space. But by avoiding the stark divisions, first, by placing everything under one roof, and second, by setting up soft intermediate spaces that blur the separations, comfort is established through the custom of recognizable images which allow the user to "feel at home" and take possession of the space through the dialectic of personalization.

At Mont-Ras, the architecture is omnipresent in the hierachy of order and the liturgy of life. The main house for the architect's parents, at the end of a long axial approach of a high brick wall, is raised above the podium with monumental steps and bleak brick walls that mark it apart from the life in the court rather like the apartments in a medieval keep. In the center of the court is a square dining room sunk close to the adjoining swimming pool. A kitchen and servent's wing is attached to the other side and joined to with the pair of family double-bed, double-height cells that form the center of a little group of buildings. At the far end, identical cells are hinged open to enclose the court with four separate apartments in two buildings for children or guests. Between the dining-room and parents "keep" is the swimming pool reflecting the exact limits of the farm-house ruin. Echoing this ruin and looking towards it over the swimming pool, is a stepped sun terrace. This is laced to the parent's house by a high wall around the north-east corner that is interrupted by angled steps that dip down into the orchard below. The hall of this habitat is this enclosed open-air court with the "fire in the middle" replaced by the dining room. The image of primitive life is indeed recal- led. The slight overscaling of the architecture reinforces this image. On the other hand, seen from without, there is a break down in the scale of the size of the house which allows it to snuggle up closely to the existing group of farm houses between the trees and thickets on the brow of the hill. Its style evokes the half ruined and empty village of Mont-Ras when seen from a distance. The architecture is a cross between the primitive shapes of Louis Kahn and the simplicity of José Antonio Coderch, reflecting the flat disciplined character of Catalan medieval buildings.

6. Los pabellones de los invitados.
7. La casa de los padres.
8. El doble volumen de la sala de estar de los padres, a un nivel inferior.

6. The guest pavilions.
7. The parents home.
8. The double volume of the parents'lower living room.

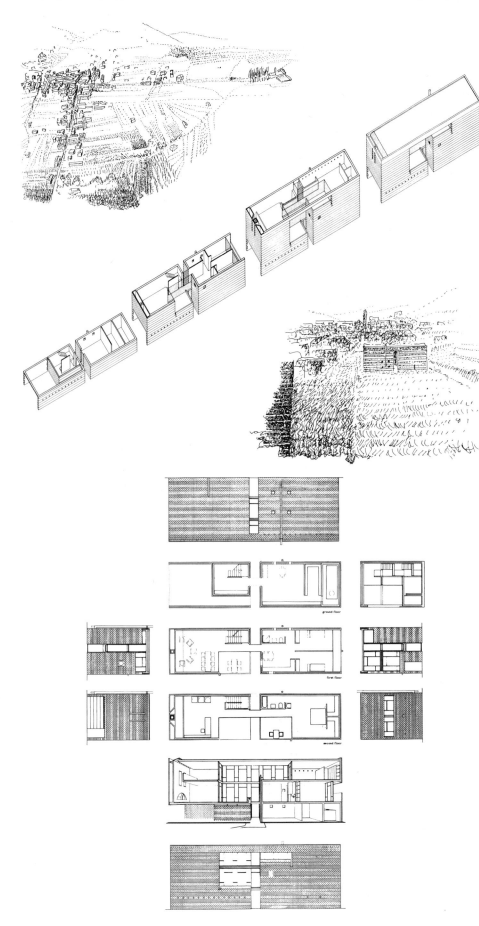

Casa en Ligornetto, Suiza, 1975-1976
Arquitecto: Mario Botta

El solar suburbano constituye un reto extremadamente difícil para el arquitecto y el cliente. El primero sabe que el origen del suburbio radica en el rechazo del abuso en la densidad de población urbana, y en el intento de encontrar una solución en la ciudad-jardín como una especie de matrimonio de conveniencia entre lo urbano y lo rural. En el siglo XIX hubo varios utopistas que intentaron este matrimonio, y si contemplamos sus experimentos podemos aprender de sus logros y de sus errores. Pero esto sólo es posible cuando el arquitecto interviene en el diseño de todo un barrio o de un grupo de casas, de modo que, cuando se enfrenta al diseño de una sola casa en el contexto de la extensión suburbana, tiende a rechazar toda integración con los vecinos, integración que normalmente no es posible ya que la misma base de la diseminación suburbana es el objeto individual disperso. La idea de la ciudad-jardín ha quedado completamente truncada, ya que la ciudad-jardín fue siempre considerada como ciudad, con calles formadas por casas estrechamente relacionadas entre sí (coches aparcados detrás, con acceso desde caminos de servicio), plazas y una planificación axial conducente a edificios cívicos, todo ello enlazado por caminos para peatones y de parques recreativos distribuidos de modo que fueran asequibles fácilmente para todos. Esta idea tropezó con dos obstáculos, y el primero fue la imitación de los ricos, que vivían en grandes casas de campo en medio de extensos terrenos, ya que la expresión de la riqueza era la individualidad y la separación respecto a los vecinos. El hecho de que vivieran en casas situadas una junto a otra quedaba disimulado por pantallas de árboles y matas. Cuanto más pobre era uno, más cerca vivía de otros, pero la expresión de individualidad era mantenida en cada casa, hasta el punto de que si las casas parecían iguales eran consideradas como pertenecientes a una categoría todavía más pobre, como las viviendas municipales de alquiler. El otro obstáculo frente a la ciudad-jardín fue la omisión de una planificación del vecindario. Esto no se debió únicamente a la especulación económica que no deseaba ceder terrenos como espacio público, sino también a la incapacidad política en lo tocante a crear entidades públicas, semipúblicas o privadas capaces de administrar tales espacios públicos. La huida de la ciudad a las afueras suburbanas era, y es, un fenómeno natural, como lo fue la venta, por el agricultor, de sus tierras a este nuevo mercado. La ilusión del nuevo habitante suburbano era copiar, en lo posible, la manera de vivir de los acaudalados, y no la idea

intelectual de la ciudad-jardín de la que probablemente jamás había oído hablar, y que de haberla oído probablemente le hubiera abrumado con los problemas sociales de los que trataba de escapar en la ciudad.

Mario Botta ha comprendido muy bien este problema. Su casa de Ligornetto se encuentra en el borde de la pequeña ciudad suburbana situada al lado de la carretera principal, y ha diseñado una casa que es un objeto tan diferente de todos los que le rodean como puedan serlo éstos entre sí, satisfaciendo con ello las esperanzas del habitante de la casa. Pero ha ido más allá. Debido a las actuales normas urbanísticas, su casa se encuentra en el límite entre la extensión suburbana del pueblo y el campo, y ésta ha sido la base de su diseño. Forma parte de un muro imaginario que contiene una puerta entre lo urbano y lo rural. Ahora bien, una pared sirve como protección y, en este caso, el proteger lo urbano de lo rural, hallamos un rechazo de la naturaleza que aísla todavía más el objeto y hace que éste sea completamente autónomo. El exterior inmediato se encuentra todavía dentro, de

modo que el objeto flota como un buque al final del jardín. El repudio de vistas al campo «hostil» y la carencia de contacto de la planta baja con el «jardín» centran el énfasis del diseño en lo artificial. Estos signos de urbanidad son realzados por el tratamiento artificial de las fachadas, que están decoradas dentro de la tradición de las prendas de vestir que se llevan para que otros las vean y las respeten, y con ello contribuyen a forjar una imagen cultural de lo individual. Las franjas de ladrillo de color, al estilo bizantino, separadas entre sí por una ranura acanalada, continúan la noble tradición de revestir la fachada a imitación de los pudientes, pero con la intención de incrementar la dignidad de la casa entre las vecinas.

El problema de las fachadas de los pequeños edificios domésticos es el de ser diferentes, a fin de afirmar la individualidad del habitante de la casa, pero no tan diferentes de las vecinas que lleguen a considerarse como un fenómeno o un cuerpo extraño. La rara apariencia de una casa moderna queda mitigada aquí por el uso tradicional de obra de ladrillo de color local, cuidadosamente detallada para que

establezca una fusión con los surcos de los campos, pero sobresale con la simplicidad de un edificio agrícola, en tanto que la complejidad de los grandes ventanales de cristal es retirada de la fachada hacia la sombra del propio edificio. Aunque sea diferente trata de ser cortés, y los buenos modales en el diseño equivalen a un buen diseño.

1. Bocetos de la situación de la casa y axonométrica de las diferentes plantas.
2. Plantas, secciones y fachadas.
3. Fachada sur y del acceso.

1. Sketches showing the situation of the house and a breakdown of the axonometric showing the differents floors.
2. Plans, sections and façades.
3. South and entrance façade.

House in Ligornetto, Switzerland, 1975-1976
Architect: Mario Botta

The suburban plot is an extremely difficult challenge to the architect and home dweller. The former knows that the origin of the suburb lay in the rejection of the urban overcrowding and the attempt to find an answer in the garden-city as a sort of arranged marriage between the urban and the rural. There were many nineteenth century utopians who attempted such a marriage. If we look at their attempts, we can learn from their achievements and mistakes. But this is only possible when the architect has a hand in the design of a whole neighborhood or a group of houses, so that when he is faced with the design of a single house within the context of a suburban spread, he tends to reject any integration with the neighbors as that it is not normally possible to integrate because the very basis of suburban spawl is the scattered individual object. The garden-city idea has completely broken down. The garden-city was always thought of as a city with streets formed by closely related houses (cars parked behind with access

along service lanes), squares, and axial planning leading up to civic buildings, all laced with pedestrian paths and recreation parks suitably distributed within easy reach of all. This idea met with two obstacles. The first was the imitation of the wealthy, who lived in large country houses in the middle of a large plots of land, the expression of wealth being individuality and the separation from one's neighbor. The fact that they lived in houses strung out next to each other was disguised by screens of trees and shrubbery. The poorer one was, the closer one lived, but the expression of individuality was kept in each house. If the houses looked alike, they were considered to be in an even poorer category like rented council houses. The other obstacle to the garden-city was the failure to plan the neighborhood. This was not only due to economic speculation which did not wish to loose land for public space, but also of the political inability of setting up public, semi-public, or private bodies capable of administrating these public spaces. The escape from the town to the suburban outskirts was and is as natural a phenomenon as was the farmer's sale of his fields to this new found

market. The illusion of the new suburban dweller was copied, as far as he could afford, from the wealthy, and not the intellectual garden-city idea which he had probably never heard of, and which if he had, would encumber him with the social problems he was trying to escape from in the city. Mario Botta understood this problem very well. His house in Ligornetto is at the edge of the little town's suburban spread by the side of the main road. He has designed a house which is an object different from all those around like they are different from each other, thus fullfilling the expectations of the home dweller. He has gone one step farther. Because of present planning regulations, his house is at the limit between the suburban spread of the village and the open country and this has become the basis of his design. It becomes part of an imaginary wall that contains a gateway between the urban and the rural. Now, a wall is for protection and in this case protecting the urban from the rural so we find a rejection of nature which isolates the object even more and makes it completely self-contained. The immediate outside is still inside so that the object floats like a ship at the end of the garden. The rejec-

tion of views over the "hostile" countryside and the lack of ground floor contact with the "garden" sets the design emphasis on the artificial. These signs of urbanity are enhanced by the artificial treatment of the façades which are decorated within the tradition of clothes being worn for others to see and respect, adding up to become the cultural image of the individual. The bands of Bizantine-like colored brick separated from each other with a grooved joint, carries on the noble tradition of dressing up the façade and imitating the wealthy, but aimed at increasing the dignity of the home among the neighbors.

The problem faced by the façades of small domestic buildings is to be different, to assert the individuality of the home dweller, but not be so different from the neighbors as to be considered a freak or outsider. The strange appearance of a modern house is here mitigated by the traditional local use of colored brickwork carefully detailed so that it merges with the furrows of the fields, but stands out with the simplicity of an agricultural building, while the complexity of the large glass windows is drawn away from the façade into the shadow of the building itself. Even if it is different, it tries to be polite. Good manners in design is good design.

4. Fachada norte, en dirección opuesta al pueblo.
5. Fachada de vidrio excavada en el lado sur.
6. La sala de estar.

4. North façade facing away from the village.
5. The excavated opening within the south façade.
6. The living room.

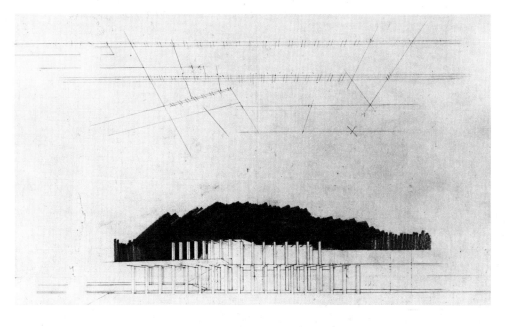

Casa Vittoria, isla de Pantellería, Italia, 1972-1975
Arquitectos: Lluís Clotet/Oscar Tusquets

Fue el irrefutable conservador del Soan Museum, sir John Summerson, quien preguntó, allá por 1941, por qué, si creemos tener una Arquitectura Moderna, hemos de seguir inquiriendo la cuestión retórica planteado por el profesor Donaldson en 1847: «¿Hemos de tener una arquitectura de nuestro período?» El sitúa la existencia de esta cuestión en relación con el pasado y como una especie de maliciosa analogía que trata de encontrar un estilo comparativo mientras se niega la existencia de un nuevo estilo como la esencia de la Arquitectura Moderna. Es en parte el fallo en cuanto a reconocer el complejo lenguaje de la Arquitectura Moderna lo que hoy induce a la rama crítica de los arquitectos a declarar que todo fue un error lamentable. Incluso podrían agregar: «Nos hemos librado ya, gracias a Dios, de la necesidad de creer, y podemos abarcar la historia, no como una analogía, sino como una realidad, e incluso podemos decorar ahora nuestros edificios.» Estos críticos han sido etiquetados como posmodernos, ya sea correcta o incorrectamente, pero no es ésta la cuestión que deseamos tratar aquí. Lo que nos interesa es la esencia de la arquitectura que la Arquitectura Moderna trataba de recuperar —no de inventar—, primero desprendiéndose del Eclecticismo del siglo XIX, tanto en estilo como en decoración, y en segundo lugar bajando a la realidad de los problemas implicados dado el enorme cambio revolucionario en mecenazgo, de la aristocracia al pueblo. Como apunta Summerson, lo monumental fue sustituido por un nuevo humanismo, doméstico y a escala con la igualación de la democracia. Aunque los primeros años precursores de la Arquitectura Moderna vieron la necesidad de una actitud puritana, meramente para marcar distancias, el constante deseo de responder a la realidad ha enriquecido gradualmente el lenguaje de lo que todavía llamamos Arquitectura Moderna. Si la década de los años sesenta llevó la crisis a su

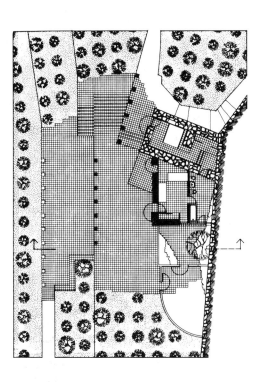

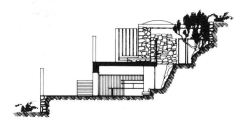

1. Perspectiva con la distribución de las columnas.
2. Planta de la terraza inferior.
3. Planta de la terraza superior.
4. Sección.
5. La terraza.

1. Perspective showing the arrangement of the columns.
2. Plan of the upper terrace.
3. Plan of the lower terrace.
4. Section.
5. The terrace.

warmth of the heart with the security of the mind. It is a humanism that has quietly and definitely rejected both the picturesque and the eclectic mannerism. It has demonstrated that the Modern Movement is far from dead if a deeper and wider understanding of a better functionalism exists instead of being displaced.

6. El porche del acceso.
7. Detalle.
8. Vista del interior.

6. The access porch.
7. Detail.
8. Interior view.

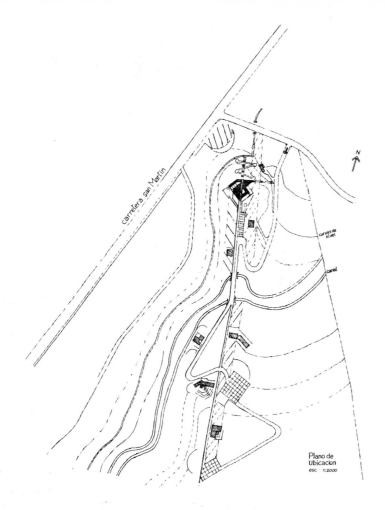

Plano de Ubicacion
esc. 1:2000

Casa Peña, Santiago, Chile, 1980
Arquitecto: Miguel Eyquem

Un retorno a lo Sublime sigue toda aproximación intelectual a la belleza en el sentido en que la consideraba Wordsworth, es decir, el del respeto inspirado por el poder de la naturaleza, irreconciliable con la voluntad humana, una especie de libertad kantiana respecto a la dimensión. La pulcritud filosófica y política de la sociedad organizada sólo reconforta a los muertos. Esta es incapaz de hacer frente a la crueldad creativa de la vida y desencadena una opción romántica a regresar a la matriz de la Naturaleza. Hay un genuino deseo minoritario de encontrarse fuera del sistema, que se encuentra desde los habitantes del desierto californiano hasta las más sólidas comunas europeas, todas ellas recogidas en las páginas del catálogo Last Whole Earth, si bien cabe sospechar que los motivos son ni más ni menos que los de la pulcritud del *establisment.*

Se debe un respeto a esta cultura alternativa debido a que su pobreza y su incomodidad aparentes constituyen un desafío para la perfección de cualquiera de los movimientos estéticos más corrientemente de moda que aseguran poseer una base

teórica más sólida. Sin embargo, tal como Buckminster Fuller llevó la tecnología más allá de la credibilidad en una dirección, lo mismo pueden hacer los ecologistas en otra. Lo que sí es seguro es que lo que los últimos pretenden hacer oír en los años setenta no puede ser ignorado. No porque estemos de acuerdo con lo que profiere ante la sociedad una cultura alternativa, o porque lo entendamos, sino porque, como observó Rousseau, es algo que está presente, como el amor que desafía todo análisis.

De lo caótico de lo desconocido surge el territorio del descubrimiento. El lento paso de la ciencia rara vez comparte con la intuición de la imaginación el viaje en este territorio, pero Miguel Eyquem, el arquitecto, ha aprovechado una oportunidad para unirse al eminente entomólogo Luis Peña en esta aventura. El lugar, en lo alto de una colina, con extensas vistas a la vez sobre el valle cultivado y sobre el territorio virgen, sugería un sitio donde las tensiones entre el infinito de la lejanía y lo finito de la cresta del monte podían ser expresadas y solventadas a través de la forma arquitectónica. Forma que es más embrionaria que histórica, donde la pobreza de medios y material se encuentra tan cerca

de la inmensidad de la cultura que la acción de aventura queda más sugerida que la seguridad de permanencia.

El origen de la casa, según Vitruvio, procede de la cueva allí donde no había bosque, y de la choza-tienda allí donde había disponibilidad de madera. A este origen se debe la forma de esta casa. La concha ondulada de hormigón envuelve por encima y en derredor los diferentes lugares dentro del edificio, mitad cueva y mitad tienda, confiriendo una unidad espacial al todo heterogéneo. Se extiende sobre esto una cubierta ondulada de cinc que protege las bóvedas de hormigón, como un paraguas, de la lluvia y del calor, permitiendo que fluyan las brisas al través y que la vivienda se mantenga fresca. Las paredes están formadas por elementos *ad hoc* que permiten una libertad anárquica de diseño constructivo, que sólo se salva de la extravagancia gracias a la cultivada sensibilidad de su arquitecto.

La composición de la planta es, a grandes trazos, un cuadrado partido por un pasillo diagonal que baja desde la entrada hasta la sala de reunión en el otro extremo. A la izquierda están las zonas más domésticas de la cocina-comedor, el dormitorio, el cuarto de huéspedes, el cuarto de baño y el estudio. A la derecha, los laboratorios del Instituto de Entomología, reunidos alrededor de un patio pequeño. El propio pasillo alberga una exposición de la colección entomológica.

La realidad de la pobreza de material y medios, más vueltos a lo indígena que a lo importado, se ha fundido en una expresión del respeto que inspira la investigación fronteriza de la propia naturaleza, para producir una vez más, en el campo de la arquitectura, la creatividad de lo Sublime. Ahora que conocemos su función, el propio edificio llega a adquirir un aspecto semejante al de un insecto arquitectónico dispuesto a evolucionar en el sentido que pueda exigir la necesidad humana y natural. Aunque es esencialmente un edificio terrenal, en el sentido que D. H. Lawrence da al término, en modo alguno está vacío de contenido intelectual.

1. Emplazamiento.
2. Planta.
3. Esquema estructural.
4. Secciones.

1. Site plan.
2. Plan.
3. Structural scheme.
4. Sections.

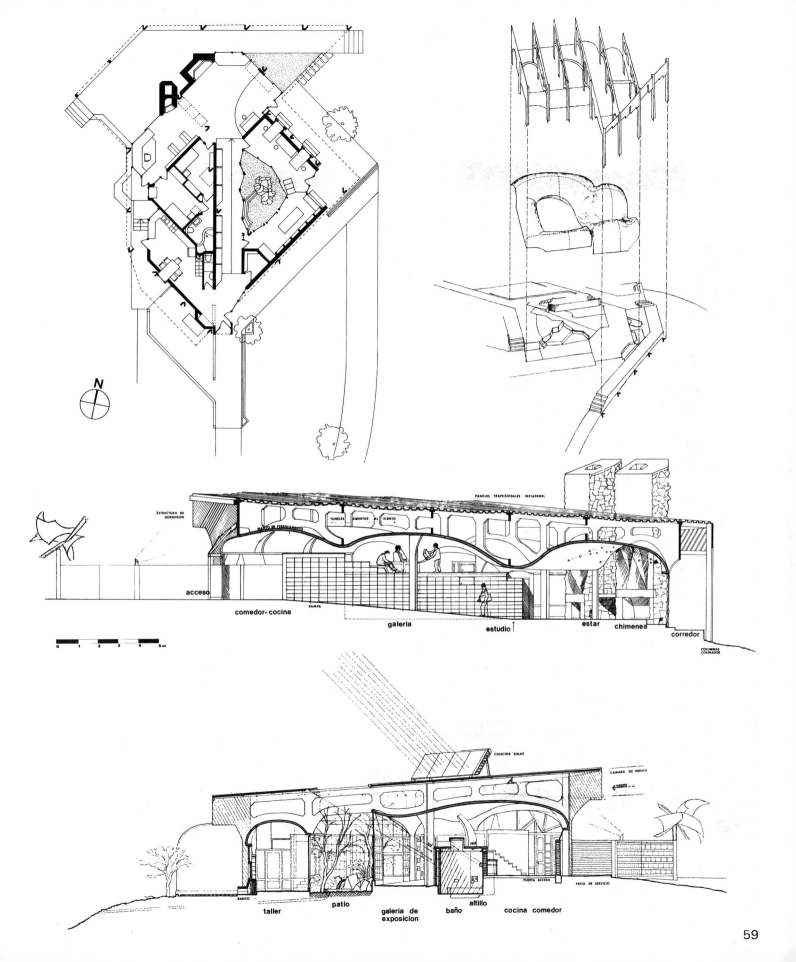

N

acceso

comedor-cocina RAMPA

galeria

estudio↑

estar chimenea

corredor

ESTRUCTURA DE HORMIGON

MURO DE FERROCEMENTO

TUNELES ABIERTOS AL VIENTO

PANELES TRAPEZOIDALES INSTAPANEL

COLUMNAS COLIMADOR

0 1 2 3 4 5m

COLECTOR SOLAR

CAMARA DE VIENTO

VIENTO

BANCO

taller

patio

galeria de exposicion

baño

altillo

cocina comedor

PUERTA ACCESO

PATIO DE SERVICIO

Peña House, Santiago, Chile, 1980
Architect: Miguel Eyquem

A return to the sublime shadows of every intellectual approach to beauty —in the sense that Wordsworth considered it: of the awe inspired by the power of nature, irreconcilable to human will, a kind of Kantian freedom from dimension. The philosophical and political neatness of organized society only brings comfort to the dead. Its neatness is unable to cope with the creative cruelty of life and triggers off a romantic option, back to the womb of nature. There is a genuine minority desire to be outside the system, which runs from the Californian desert dwellers to the European squatter communities, all glued to the pages of the do-it-yourself Last Whole Earth Catalogue. Although motives may be suspect, they are neither more or less than those of the neatness of the establishment. Respect is due to this alternative culture because its apparent poverty and discomfort is a challenge to the completeness of any of the more current fashionable aesthetic movements that claim to have a sounder theoretical basis. However, just as Buckminster Fuller carried technology beyond credibility in one direction, so can the ecologist, in the other. What is certain is that the latter's claim to be heard in the seventies cannot be ignored. Not because we agree or understand what is being hurled at society by an alternative culture but because, as Rousseau observered, it is there, like love which defies analysis.

From the chaos of the unknown arises the territory of discovery. The slow pace of science rarely shares with the intuition of the imagination the journey into this territory, but Miguel Eyquem, the architect, has grasped an opportunity to join the eminent entomoligist, Luis Peña, on such a venture. The site, on top of a hill, with extended views of both the cultivated valley and the wilderness, suggested a place where the tensions between the infinite beyond and the finite of the crest of the hill could be expressed and solved through architectural form. Form that is more embryonic than historic, where the povety of means and material lies so close to the wilderness of culture that the action of adventure is suggested more than the security of permanence.

The origin of the house, according to Vitruvius, arose from the cave where there was no forest, and the tent-hunt where wood was available. It is from this origin that the form of this house springs. The undulating concrete shell laps over and around the different places within the building, half cave-like, half tent-like, giving a spatial unity to the hetrogenious whole. Stretching over this is a corrugated zinc roof that protects the concrete vaults, like an um-

brella, from the rain and heat, allowing the breezes to flow through and keep the dwelling cool. The walls are made up of ad-hoc elements which allows an anarchic freedom of constructional design, which only saves itself from the bizarre by the cultured sensitivity of its architect.

The composition of the plan is roughly a square split by a diagonal passage that drops down from the entrance to the meeting-room at the other end. On the left are the more domestic areas of the dining-kitchen, bedroom, guest bedroom, bathroom, and study. On the right are the workshops of the Institute of Entomology gathered around a small court. The passage itself houses and exhibition of the entomological collection.

The reality of the povety of material and means, turning to the indigenous rather than the imported, has merged into an expression of the awe of the frontier investigation of nature itself, to produce once again, in the field of architecture, the creativity of the sublime. Now that we know its function, the building itself begins to look like an architectural insect ready to evolve which ever way human and natural necessity demands. Although it is essentially an earthy building, in the D.H. Lawrence sense, it is by no means void of intellectual content.

5. Vista general.
6. La fachada del estudio.
7. La galería norte con vista sobre el valle.
8. El estudio.

5. General view.
6. The façade of the study.
7. The Northern gallery overlooking the valley.
8. The study.

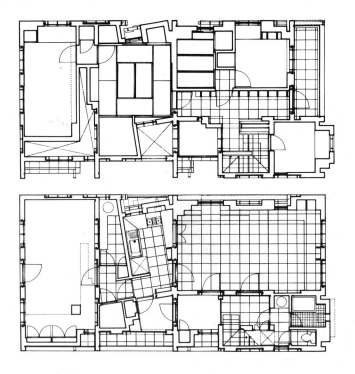

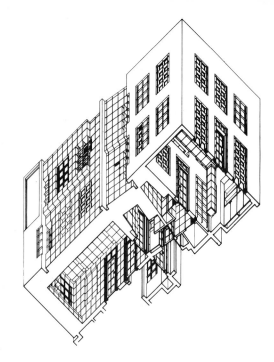

Residencia Miyata, Tokio-Ku, Japón, 1973
Arquitecto: Hiromi Fujii

Uno de los elementos permanentes del diseño en el Movimiento Moderno ha sido el ángulo recto y el módulo. Este llegó a dominar el diseño de los edificios, puesto que era el *método* con el que eran diseñados. Esto se debió a que, con la Revolución Industrial, el padrinazgo de la arquitectura cambió, al pasar el poder económico de manos de la aristocracia a las de la burguesía, en el sector privado, y a los burócratas en el sector público. Gradualmente, el arquitecto abandonó su postura artístico-cultural de *amateur* en la sociedad para convertirse en el instrumento profesional del mercado. Esto trajo consigo un enfoque más comercial para la industria de la construcción, donde se introdujo el diseño por delegación. Para dominar esto, hubo que imponer módulos para controlar las diversas manos y el paralex hizo el resto. La única desviación permitida era la influencia aerodinámica del compás. Naturalmente, la Arquitectura Moderna no es tan simple, pero la límpida línea recta recibió una especie de valor moral de pureza científica que se asoció con la función.

Hiromi Fujii, entre otros, permanece inquieto frente a este fenómeno. Aunque se niega a rechazar la línea recta, el módulo y el cubo, que se han convertido en parte de nuestra herencia, ha examinado a la vez las implicaciones de su disciplina, y la riqueza de su evolución objetivamente considerada. Aunque hay el peligro de perder cierta cualidad doméstica en el diseño de una casa al ser sometido a este ejercicio intelectual, es precisamente el impacto del pequeño programa particularizado el que confiere vida a este experimento formal. Sin embargo, hay en juego más ideas a las que sólo se les permite éste, debido a que su arremetida en capas sucesivas sobre el objeto construido es llevada a cabo por la disciplina aplicada del módulo visual. La primera es la estabilidad estructural de esta construcción con muros portantes de hormigón.

La mitad frontal del edificio tiene tramos iguales de solera entre paredes paralelas a la calle, y la mitad posterior tiene tramos de solera desiguales perpendiculares a la calle. Esta solución estructural es expresada haciendo sobresalir las paredes más allá de la piel de la fachada en el lado de la entrada y el posterior. La claridad del sistema estructural que aparece marcado inicialmente por una superficie pintada de blanco, queda confundida por el juego de una pauta regular de «vacíos» en las fachadas. Esta práctica de forrar la piel exterior de la fachada con un *pattern* independiente de las aberturas exigidas por la función de las divisiones interiores en el lado interior de la pared, procede de los manieristas europeos del siglo XVI. Esta es una noble recuperación del vocabulario arquitectónico, ya que reconocía la función de la arquitectura, no sólo para responder a los requerimientos del edificio en cuestión, sino también a la calle y la ciudad de las que éste forma parte. La escala de los dos es a menudo radicalmente distinta y no hay compromiso posible, pero al fusionar las demandas de los dos lados de la pared, Hiromi Fujii ha sugerido una línea muy interesante de investigación formal. Este *pattern* exterior desaparece en el centro de las fachadas más largas debido a la introducción de un tercer juego. Este consiste en la inclinación en la planta de la cocina que corta en la disciplina ortogonal para *expresar* la articulación entre la farmacia y la casa, y también para permitir la acomodación de una serie de habitaciones más pequeñas.

Evidentemente, todo esto se realiza en beneficio de la investigación formal para la profesión y tiene poco que ver con las comodidades hogareñas de la familia, a menos que se espere que mobiliario y accesorios sigan los juegos arquitectónicos con una carta de triunfo.

Aparte de esto, debería señalarse aquí que en la farmacia hay cierta dignidad clínica que parece eminentemente correcta, y la introducción de un doble volumen alrededor de un ángulo de la tienda es un gesto poético que permite al espacio escapar más allá de la percepción inmediata, dando la impresión de que la tienda es, de hecho, parte de una estructura más grande.

1. Planta baja y planta superior.
2. Axonométrica.
3. Fachada principal, con la farmacia.

1. Ground and upper floor plans.
2. Axonometric.
3. Main façade with the pharmacy shop.

4. Fachada del acceso.
5. Pared posterior de la farmacia.
6. Vestíbulo de entrada de la casa.

4. Entrance façade.
5. Back wall of the pharmacy shop.
6. Entrance hall of the house.

Miyata Residence, Tokyo-Ku, Japan, 1973
Architect: Hiromi Fujii

One of the permanent elements of design in the modern movement has been the right angle and the module. This came to dominate the design of buildings since it was the *method* by which they were designed. This came about because with the industrial revolution, the patronage of architecture changed as the economic power slipped from the aristocrats to the bourgeoisie, in the private sector, and the burocrats, in the public sector. The architect gradually abandoned his amateur cultural-artistic position in society to become the professional instrument of the market. This brought about a more business-like approach to the building industry where design by delegation was introduced. To dominate this, modules had to be imposed to control the various hands but the T-square did the rest. The only break allowed was the streamlining influence of the compass. Naturally, modern architecture is not as simple as that. The clean straight line was given a sort of moral value of scientific purity that was associated with function.

Amongst others, Hiromi Fujii, remains restless in front of this phenomenon. While refusing to reject the straight line, module and cube, which has become part of our inheritance, he has examined both the implications of its discipline and the richness of its developement when considered objectively. Although there is a danger in losing a certain domestic quality in the design of a house when submitted to this

64

intellectual exercise, it is precisely the clash of the small particular program that keeps this formal experiment alive. However, there are more ideas at play which are allowed their game only because their onslaught in successive layers upon the built object is held on course by the applied discipline of the visual module. The first is the structural stability of this load-bearing concrete cross-wall construction.

The front half of the building has two equal floor spans between walls parallel to the street and the rear half has unequal floor spans between walls perpendicular to the street. This structural solution is expressed by extending the thickness of the walls beyond the enclosing façade on the entrance side and the rear. The clarity of the structural system which appears to be marked out initially by a white painted surface, is confused by the play of a regular pattern of "voids" over the façades. This game of sheathing the outer skin of the enclosing wall with a pattern independent of the openings demanded by the function of the interior divisions on the inner side of the wall, is borrowed from the European sixteenth-century Mannerists. This is a noble recovery of architectural vocabulary since it recognized the function of architecture not only to respond to the requirements of the building in question but, also, to the street and city of which it is a part. The scale of the two are often radically different and no compromize is possible, but by merging the demands of the two sides of the wall, Hiromi Fujii, has suggested a very interesting line of formal investigation. This external pattern breaks down in the center of the longer façades because of the introduction of a third game, This is the tilting in plan of the kitchen that cuts into the orthogonal discipline in order to *express* the articulation between the chemist shop and home, and also to allow the accomodation of a series of smaller rooms. All this is obviously being carried out for the benifit of formal investigation for the profession and has little to do with home comforts for the family, unless the furniture and furnishings are expected to follow the architectural games with a trump card. Apart from this, it should be noted that there is a certain clinical dignity about the pharmacy that seems eminently correct, and the introduction of a double volume around one corner of the shop is a poetic gesture that allows the space to escape beyond immediate perception, giving the impression that the shop is indeed part of a larger structure.

7. La sala de estar.
8. La zona de comedor, con la cocina en segundo término.

7. The living room.
8. The dining area with kitchen beyond.

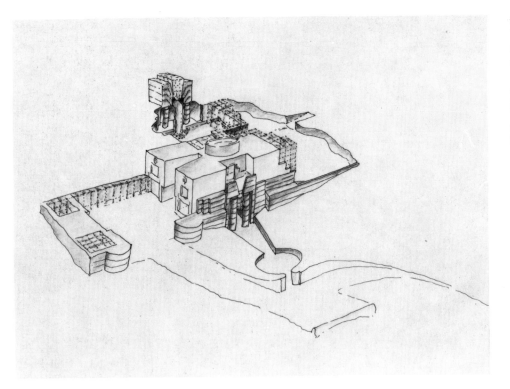

Casa Ploceck (Casa Keystone), Warren Township, Nueva Jersey, Estados Unidos, 1977-1979
Arquitecto: Michael Graves

ET IN ARCADIA EGO. La Casa Ploceck no presenta dudas al respecto. Situada en un bello paisaje boscoso de la falda de una colina, es la visión virgiliana de un reino ideal de perfecto embeleso la que acude a la mente. Pero lo grotesco de la entrada de la construcción, a modo de gruta, que se ofrece en medio de las ruinas dispersas, recuerda aquella otra y original Arcadia de Ovidio, en Grecia, salvaje, primitiva e ignorante del arte, a la que alude Samuel Butler.

Graves, Michael. Norteamericano. Estoy en Arcadia. Por esto dejé Europa. La auténtica América se encuentra más allá de Manhattan, libre entre las hojas de la hierba. «Esta es la hierba que crece allí donde hay tierra y hay agua. Este es el aire común que baña el globo.» Está poblada por granjeros y campesinos, e incluso las villas y ciudades se excusan por su proximidad. La libertad de la individualidad era, y es, la clave del pueblo americano curtido por sus antecedentes rurales. Las granjas son islas en sus campos y sus construcciones *balloon-frame*, ligeras y adaptables, son el epítome de la arquitectura nacional norteamericana. Estas son las raíces que explican la arquitectura de América en general y la arquitectura pintada de Michael Graves en particular, pero la dicotomía de Arcadia entre Virgilio y Ovidio es omnipresente, y si el primero moldea al igual la arcilla de la tiera y el hombre en una Primavera como un éxtasis, el segundo hurga en el vacío cultural en una búsqueda nostálgica a través del tiempo y del océano.

Esta nostalgia despertó frente a los orígenes formales, no sociales, del Movimiento Moderno a finales de los años sesenta y comienzos de los setenta, con la obra de los New York Five, incluido Michael Graves. Pero Graves, el artista y pintor, está más cerca del *collage* de la pintura cubista, y su impulso creativo está más próximo a la alusión de imágenes diseminadas con citas históricas. Aunque su arquitectura admite un programa convencional, este resulta incidental respecto al escenario procesional dispuesto antes y más allá del portal. Este tema del umbral se ofrece una y otra vez, como el Orfeo errante en busca de su amor perdido, pues la sólida permanencia de un portal de piedra se pierde en la frágil construcción de madera y cartón. En la Casa Ploceck, su símbolo, la llave de arco, es sólo un vacío, y, como la lira de Orfeo, flota alejándose en el mar de árboles detrás de la casa.

Los críticos y arquitectos contemporáneos verán probablemente en la Casa

1. Boceto.
2. Estudios de la Pool House.
3. La casa en construcción.

1. Sketch 1978.
2. Studies of pool house.
3. House under construction.

Ploceck la obra del arcipreste de la Arquitectura Posmoderna. Es indudable que si esto se convierte en una nueva escuela religiosa, habrá ocurrido una terrible aberración, ya que Graves es una parte importante de la tradición americana, receptor del espaldarazo de la libertad individual y personal, y copiar eso equivaldría a destruirlo. Comprenderlo es enriquecer esta misma tradición.

La Casa Ploceck tiene una fachada que preside el valle boscoso del que ella forma parte, y la aproximación a ella se efectúa subiendo por un calvero que, lindante con ella, llega a una terraza artificial al lado del edificio. Aquí es donde hay la verdadera entrada de cada día, donde los comestibles son trasladados, a veces con dificultad, desde el coche hasta la cocina. El portal órfico está pintado en una pantalla ante el plano frontal del edificio y marca un eje bloqueado a través de la planta, con las columnas enmarcando la terraza del comedor formal. Una pequeña entrada, debajo, conduce a través del sótano hasta la escalera central.

Explotando la ilimitada libertad estructural de la *balloon-frame* de madera, la arquitectura se convierte en prisionera del escenario de Hollywood, que, después de todo, no es inapropiado. Sólo la auténtica categoría personal del arquitecto-pintor eleva la creación final al reino de la poesía arcádica americana. Walt Whitman tiene la última palabra:

«Me lego a mí mismo al polvo para crecer de la hierba que amo,
Si me necesitáis otra vez, buscadme bajo las suelas de vuestras botas.»

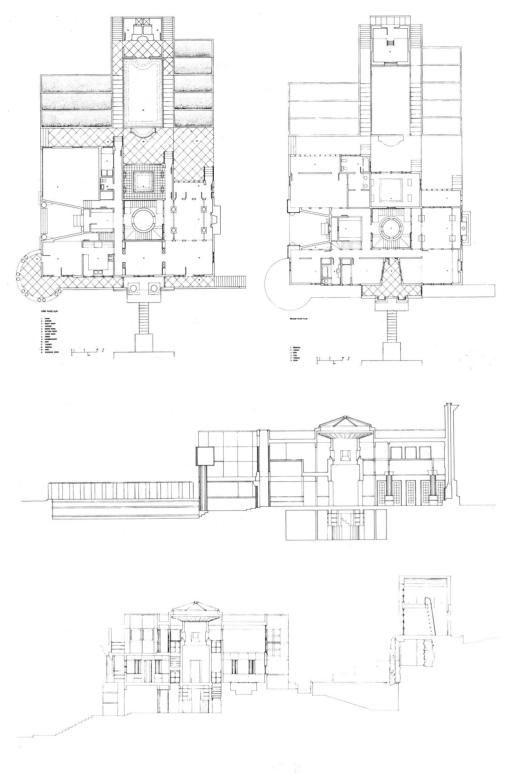

Ploceck House (Keystone House), Warren Township, New Jersey, U.S.A., 1977-1979

Architect: Michael Graves

ET IN ARCADIA EGO. The Plocek house has no doubts about it. Set on the beautiful wooded hillside site, it brings to mind Virgil's vision of an ideal realm of perfect bliss. But the grotesqueness of the grotto-like entrance of the construction that occurs in the midst of the scattered ruins, reminds one of Ovid's original Arcadia in Greece, savage, primitive and ignorant of the art to which Samuel Butler alludes. Graves, Michael. American. I am in Arcadia. That's why they left Europe. The real America lies beyond Manhattan, free amongst the leaves of grass. "This is the grass that grows wherever the land is and the water is. This the common air that bathes the globe".

It is peopled with farmers and country-folk and even the towns and cities excuse their proximity. Freedom to be individual was, and is, the keystone of the rural-worn American people. Farm houses are islands in their fields and their light and adaptable balloon-frame constructions are the epitome of American national architecture. These are the roots that explain the architecture of America in general and the painted architecture of Michael Graves in particular. But the dichotomy of Arcadia between Virgil and Ovid is omnipresent, and if the former molds the clay of earth and man alike in a spring like ecstasy, the latter nags at the cultural void searching nostalgically across time and ocean.

This nostalgia awoke to the formal, and not social, origins of the Modern Movement in the late sixties and early seventies with the work of the New York Five including Michael Graves. But Graves, the artist and painter is closer to the collages of cubist painting and his creative impulse closer to the allusion of images scattered with historical quotations. Although his architecture admits a conventional program, this becomes incidental to the processional stage set arranged before and beyond the portal. This threshold theme occurs again and again like the wandering Orpheus in search of his lost love, for the solid permanence of a stone portal is lost within the fragile timber and cardboard construction. In the Plocek house, its symbol, the keystone, is a void only, and like the lyre of Orpheus floats out and away into the sea of trees behind the house.

Contemporary critics and architects will probably see in the Plocek House the work of the arch-priest of Post-Modern architecture. It is certain that if this becomes a new religious school, a terrible aberration will have occured. For Graves is very much a part of the American tradition, recepient

4. Planta baja.
5. Planta superior.
6. Sección a través del acceso y sala de estar.
7. Sección a través del acceso principal y caja de escalera.
8. Alzado frontal.
9. Maqueta. Fachada del acceso.

4. Ground floor plan.
5. Upper floor plan.
6. Section through entrance and living room.
7. Section through main entrance and stairwell.
8. Front elevation.
9. Model. Entrance façade.

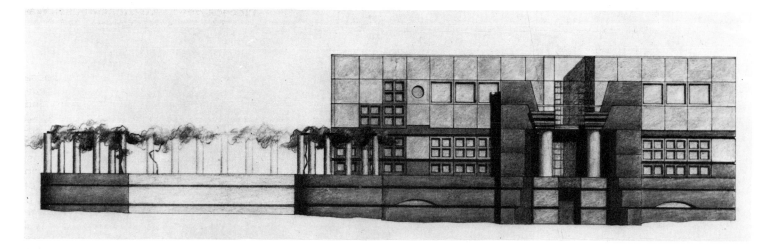

of the accolade of individual and personal freedom. To copy would destroy that. To understand is to enrich that very tradition. The Plocek House has a front that overlooks the wooded vale of which it is a part. The approach is up a glade that slips by it to an artificial terrace alongside the house. This is where the real everyday entrance is, where groceries are hugged from car to kitchen. The Orphic portal is painted on a screen before the frontal plane of the building and marks a blocked axis through the plane with the columns framing the terrace of the formal dining room. A small entrance below leads through the celler to the central stairwell.

By exploiting the unlimited structural freedom of the timber balloon-frame, the architecture becomes a prisoner of the Hollywood stage set, which, after all, is not inappropiate. Only the very personal category of the architect-painter lifts the final creation into the realm of American Arcadian poetry. Walt Whitman has the last word:

"I bequeath myself to the dirt to grow from the grass I love.
If you want me again look for me under your boot-soles".

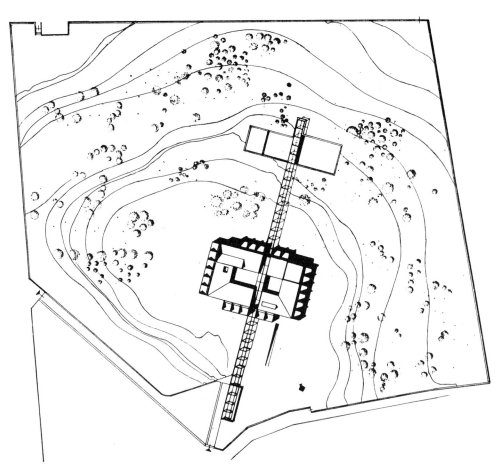

Casa Belci, Oleggio, Novara, Italia, 1977
Arquitectos: Gregotti Associati

La arquitectura forma parte de las humanidades. La gran tradición mediterránea ha dejado bien sentado este punto desde los albores de la historia. Cada vez que un período de la arquitectura empieza a languidecer y a padecer a causa del dominio de otras disciplinas, desde la metafísica hasta las matemáticas, o debido a una comprensión defectuosa de ambas que conduzca al mundo inferior de los mitos y la mística, en algún lugar del ámbito italiano surge la voz que se cree ser el oráculo de la razón clásica. Es esta creencia la que llena el escenario italiano de tantos presuntos actores que provocan en el espectador no precavido la más profunda confusión. Pero entre los actores y los espectadores cabe distinguir una figura que se asemeja a Puck, el bufón de Oberon. Hay una sensación compartida de broma pícara anexa al don de la aguda observación crítica. El es a la vez actor y espectador y, como intermediario, un intérprete fiable de los acontecimientos. La capacidad intelectual de Vittorio Gregotti está autodisciplinada hasta el punto de ser lúcida y nunca excesiva. En los años sesenta estaba entregado al redescubrimiento de las cualidades del Art Nouveau, visto el realismo económico de posguerra en Italia, que buscaba los orígenes del Movimiento Moderno que habían sido objeto

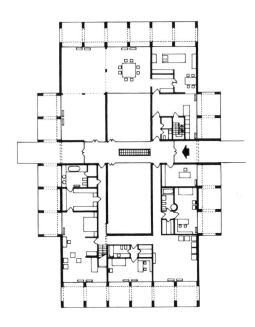

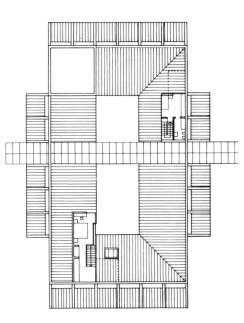

1. Emplazamiento.
2. Planta baja.
3. Planta cubierta.
4. Maqueta. Cubierta.
5. Maqueta. Planta.
6. Vista aérea.

1. Site plan.
2. Plan.
3. Roof plan.
4. Model roof.
5. Model interior structure.
6. View from above.

de abuso en los años treinta. Esta incursión en la historia escandalizó al fosilizante Movimiento Moderno tal como lo había hecho el neo-brutalismo en Inglaterra. A diferencia de muchos de sus compañeros de viaje, Gregotti mantuvo su arquitectura, tanto la escrita como la construida, a un nivel sofisticado que nunca abandonó los objetivos esenciales del Movimiento Moderno: una arquitectura de lugar, una arquitectura basada en un sólido fondo teórico preconcebido, pero esencialmente pragmática respecto a su contexto geográfico, su programa y sus posibilidades económicas, que sirviera a la vez de escenario y de telón de fondo para la vida cívica y que contuviera espacios y detalles a la escala del uso cotidiano. Encontramos en sus edificios, y esta casa no constituye excepción, el sólido curso de la historia.

Como puede verse en los dibujos, la casa es una variante de uno de los modelos fundamentales —la planta del patio mediterráneo— penetrada por un camino cubierto que conduce desde la entrada hacia el norte y, bajando a la piscina, hacia el sur. La casa en sí queda así dividida en netas partes funcionales: la privada a un lado, la suite dormitorio principal, un estudio-galería para invitados y dos habitaciones para niños, a cada lado de una zona diurna; y en el otro lado, las principales habitaciones de recepción, comedor y sala de estar, con la zona de servicio ubicada alrededor del ángulo norte junto a la entrada. Los tejados están inclinados hacia dentro, como un claustro medieval, elevando la altura del muro exterior circundante. Las aberturas quedan ocultas entre una serie de estribos perforados

que, con sus tejados inclinados separados, amparan el interior del clima y mantienen una intimidad entre cada habitación y el exterior. La composición clásica sólo queda interrumpida por la incidencia de las habitaciones en la cubierta y otra cubierta plana sobre la sala de estar en la esquina. A la forma rígida se le otorga cierta suavidad doméstica que aporta una fresca tranquilidad al hogar. Como escribe el propio Gregotti: «La casa representa una forma muy especial de hábitat humano. Expresa, de una manera particularmente primitiva, la noción de estabilidad, otorgando a la vida cotidiana el sentido de continuidad que proviene del arraigo en un lugar específico... Reconciliar nuestro yo interno con la existencia en el mundo externo es la función de la construcción de casas.»

Belci Oleggio House, Novara, Italy, 1977
Architects: Gregotti Associates

Architecture belongs to the humanities. The great mediterranean tradition has made this clear from the dawn of history. Whenever a period of architecture begins to languish and suffer from the dominance of other disciplines from metaphysics to mathematics, or from a misunderstanding of both which leads off into the nether world of myths and mystics, there arises from the Italian scene, the voice that believes it is the oracle of classical reason. It is in this belief that fills the Italian stage of so many would-be actors which provokes the unwitting onlooker to the utmost confusion. But between the actors and the onlookers can be distinguished a figure that resembles Oberon's Jester, Puck. There is shared sense of mischievous fun close to the gift of sharp critical observation. He is both actor and spectator and as intermediary, a reliable interpreter of events. The intellectual capacity of Vittorio Gregotti is self-disciplined so that it is lucid and never excessive. In the sixties, he was committed to rediscovering the qualities of Art Nouveau given the post-war economic realism in Italy which searched back to the origins of the modern movement that had been abused in the 30s. This plunge into history shocked the fossilizing modern movement in a similar way that the new-brutalism did in England. Unlike many fellow-travellers, Gregotti kept his architecture, both written and built, at

a sophisticated level that never left the essential aims of the modern movement —an architecture of place, an architecture based in a pre-conceived solid theoretical background. It is essentially pragmatic towards its geographical context, program and economic possibilities that would serve as both a stage background for civic life and contain spaces and details to the scale of everyday use. We find in his buildings, this house is no exception, the solid course of history.

As can be seen from the drawing, the house is a varient on one of the fundamental models —the Mediterranean courtyard plan— lanced by a covered way that leads from the entrance to the north and down to the swimming-pool to the south. The house itself is thus divided into clear, functional parts: the private on one side, the main bedroom suite, a study-gallery, for guests, two children's rooms on either side of a day area; and on the other side, the main reception rooms, dining and living, with the service area contained around the North angle next to the entrance. Roofs are pitched inwards, like a medieval cloister, raising the height of the enclosing exterior wall. The openings are concealed between a series of pierced buttresses that, with their separate inclined roofs, shield the interior from the climate and maintain a privacy between each room and the outside. The classical composition is only broken by the incidence of the rooms in the roof and the raised flat ceiling over the main reception room in the corner. The rigid form has been allowed a certain domes-

tic softness to respond to function. It is a simple house with clear subtilities that brings a fresh quietness into the home. As Gregotti himseld writes: "The house represents a very special form of human habitat. It expresses in a particularly primitive manner the notion of stability, giving to daily life the sense of continuity that comes from being rooted in one specific spot... To reconcile our internal self to existence in the external world is the function of house-building."

7. Vista de una fachada lateral.
8. Detalle de una fachada lateral.
9. Detalle del acceso.

7. East façade. The bedroom wing.
8. West façade. The day wing.
9. South façade along the cross axis.

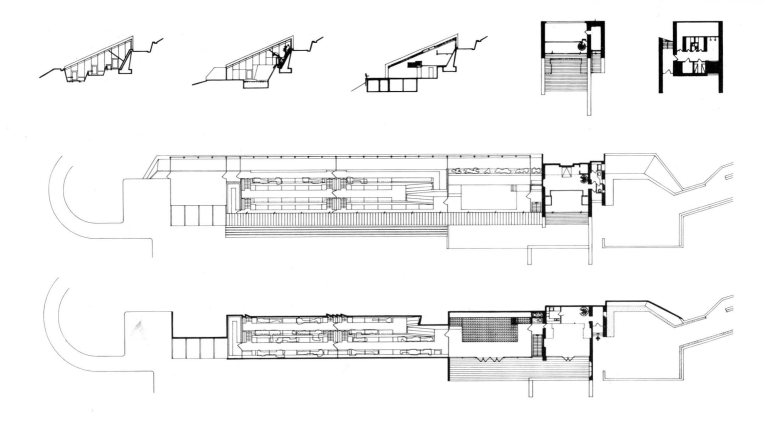

Casa en Reñaca, Viña del Mar, Chile, 1979
Arquitecto: Christian de Groote

El cambio de escala del antiguo continente al nuevo hace que las comparaciones resulten extremadamente difíciles. Esto se constató en la Bienal de Venecia de 1976, con la exposición Europa-América. La primera se concentró en los densos contextos urbano-históricos, y la segunda en el vacío contexto de un suburbio ilimitado, donde la arquitectura tiende a ser un objeto cultural aislado, elaborado en la abstracción de un distante tablero de dibujo. Si los términos de la pugna en Norteamérica resultan fríos para un europeo, los de Latinoamérica parecen ser todavía más abstractos, debido a la ausencia adicional de una tradición documentada. El clima cultural que nutre esta tradición es notable por su ausencia debida al incierto contexto económico y político. El Movimiento Moderno estaba esencialmente vinculado a la aparición de una nueva sociedad, cualquiera que fuese su base política, de modo que su injerto en el nuevo continente, donde las esperanzas respecto a esa nueva sociedad siempre han sido uno de los motivos de los nuevos asentamientos, debió haber dado un resultado feliz. En muchos casos, así ha sido, y si bien puede haber falta de sofisticación, el riesgo, la vitalidad y la imaginación en la experimentación son los elementos comunes hallados en cada país. Precisamente cuando

los países más antiguos han empezado a perder su confianza en la base del Movimiento Moderno, es reconfortante hallar la chispa y el ingenio plenamente vivos en circunstancias insospechadas. Como ya se ha dicho en otro lugar de este libro, la arquitectura de la residencia individual no sólo responde a las necesidades programáticas del cliente, sino también a la continua investigación de forma por el arquitecto que aprovecha la oportunidad para incrementar las cualidades formales de la arquitectura, de modo que se crea un vocabulario bien experimentado que cumplirá su misión pública cuando surja la oportunidad.

Esto es lo que ocurre con todas las casas individuales, dondequiera que sean diseñadas y construidas. Ahora bien, uno de los factores más interesantes que han desempeñado un papel importante en el diseño del hábitat humano individual, es la consideración de que es incidental para un todo mucho mayor, ya sea parte de la comunidad, parte del paisaje, parte de una precisa investigación geométrica, parte de la historia, o, en un sentido más físico, parte de otra función relacionada con el trabajo o el placer. En este último apartado, encontramos la alquería, donde la acomodación del habitáculo no es sino una parte más de una serie de dependencias o queda situada dentro y debajo del tejado único de una construcción gigantesca.

La casa de Christian de Groote, cerca de

Viña del Mar, es una parte casi incidental de un largo invernadero construido como parte integrante de un gran parque privado. Esta sumisión física de la imagen de casa en el carácter de obrador de un invernadero, invirtiendo los usuales valores del poder jerárquico, es un avance imaginativo, no sólo en una ecología civilizada, sino también distanciándose de la casa concebida para satisfacer el papel de *prima donna* de propietario y arquitecto. La imagen del invernadero para el cultivo de plantas es un edificio industrial aceptado en todo jardín, pero la significativa fusión de casa con cobertizo rompe con la tradición —social y cultural— con una facilidad que casi pasa inadvertida. Debido a su tamaño, el edificio queda hundido en la falda de monte frente al Pacífico, para no turbar la armonía del parque creado por la familia desde los comienzos del siglo. La inclinación del tejado abraza la pendiente de 20° y, debajo de él, unas terrazas escalonadas abarcan los jardines tropicales, la piscina y la casa. Su sofisticación no radica en su imagen, que es obviamente esquemática, sino en su concepción como deliberada reticencia.

1. Plantas y secciones.

1. Site plan.

House in Reñaca, Viña del Mar, Chile, 1979
Architect: Christian de Groote

The change of scale from the old continent to the new makes comparision extremely difficult. This was emphasized at the Biennale di Venezia in 1976 with the European-American exhibition. The former concentrated in tight, urban, historical contexts, the latter out in the empty context of an unlimited suburbia, where architecture tends to be an insulated cultural object worked out in the abstraction of a distant drawingboard. If the terms of the North American struggle are frustrating for a European, then those of Latin American appear to be even more abstract due to the added absence of a documented tradition. The cultural climate that feeds that tradition is notable for its absence, due to the uncertain economic and political context. The modern movement was essentially tied to the emergence of a new society, whatever its political basis. Its grafting onto the new continent, where hopes for that new society have always been one of the motives of the new settlements, should have been a happy one. In many cases, this has proved true. While sophistication may be lacking, risk, vitality and imagination in experimentation are the common elements found in each country. Just when the older countries have begun to lose self-confidence in the basis of the Modern Movement, it is refreshing to find the sparkle

and wit alive in unsuspected circumstances. As has been stated elswhere in this book, the architecture of the individual residence responds not only to the programatic necessities of the client but to the continuous investigation of form by the architect who uses the opportunity to further the formal qualities of architecture so that a well tried vocabulary is built up that will serve its public mission when the opportunity arises.
This is true for all individual houses wherever they are designed and built. One of the most interesting factors that has come to play an important part in the design of the individual human habitat, is the consideration that it is incidental to a greater whole-be it part of the community, part of the landscape, part of a precise geometrical investigation, part of history, or in a more physical sense, part of another function connected with work or pleasure. Within this last item, we find the farm house where the living accomodation is just another part of a collection of farm sheds or gathered within and beneath the all-embracing roof of a giant construction.
Christian de Groote's house near Viña del Mar is an almost incidental part of a long greenhouse built as an integral part of a large private park. This physical submission of the home image into the workshop character of a hothouse, inverting the usual hierarchical power values, is an imaginative stride not only into civilized ecology but also away from the house conceived to

satisfy the "prima donna" role of owner and architect. The glass-house image for cultivating plants is an accepted industrial building in every garden, but the significant merging of house with shed breaks with tradition —social and cultural— with an ease that goes almost unnoticed. Because of its size, the building is sunk into the hillside facing the Pacific to avoid upsetting the harmony of the park developed by the family since the beginning of the century. The pitch of the glazed roof hugs the 20⁰ slope and beneth it, stepped terraces run through the tropical gardens, swimming-pool and house. Its sophistication lies not in its image, wich is obviously schematic, but in its conception of being a deliberate understatement.

2. Fachada de la cubierta.
3. El invernadero.

2. The roof façade.
3. The green-house.

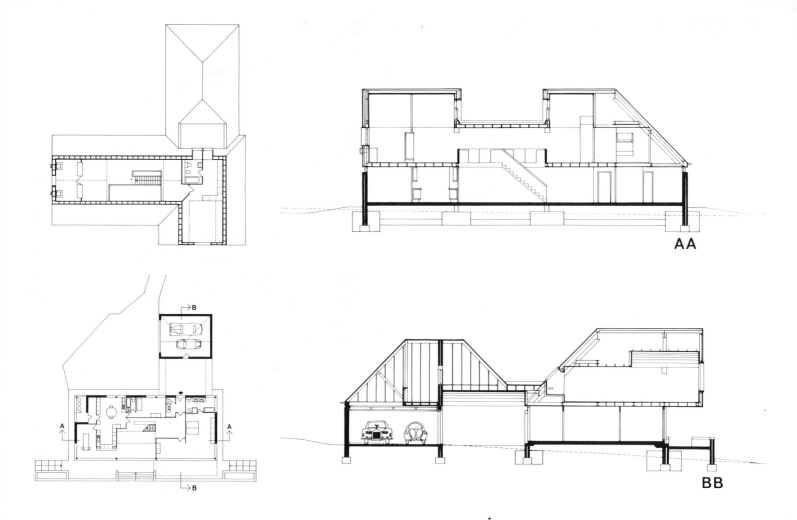

AA

BB

1. Planta superior.
2. Planta baja.
3. Secciones.
4. Maqueta.
5. Fachada noreste.

1. Upper floor plan.
2. Ground floor plan.
3. Sections.
4. Model.
5. North-East façade.

Casa Schreiber, Chester, Inglaterra, 1980
Arquitecto: James Gowan

«Atractiva pero elusiva, la casa inglesa es más un concepto que una realidad», escribe James Gowan. Lo mismo cabría decir acerca del clima inglés, aunque su humedad no empape la realidad. Al fin y al cabo, las casas están relacionadas con el tiempo meteorológico y ofrecen un cobijo maternal a nuestros llamémosles conceptos elusivos. Así, casa, tiempo, conceptos y todo en conjunto, el círculo está completo, pero nunca presente. Este es el problema cuando se menciona la realidad. Gaston Bachelard lo ha escrito todo al respecto. Casa de la infancia frente a casas de ensueño. Toda persona que desea construirse una casa lleva consigo ambas cosas, optando por imágenes que se aferren a ilusiones de estabilidad. Bachelard sugiere que «una casa es imaginada como una entidad vertical. Asciende hacia lo alto. Se diferencia en función de su verticalidad del tejado, de la irracionalidad del sótano». Un tejado de dos vertien-

tes significa refugio. «Arriba, cerca del te- jado, nuestros pensamientos son nítidos. En el ático es un placer contemplar las vigas desnudas de la sólida armazón. Pero el sótano es, en primerísimo lugar, la enti- dad oscura de la casa, la que comparte las fuerzas subterráneas. Cuando soñamos allí, nos encontramos en armonía con la irracionalidad de las profundidades.» Na- turalmente, Bachelard piensa en una casa francesa, como Gowan en una inglesa, pero ambos consideran la casa más allá de un objeto construido, y más bien como un intento tangible para revelar un nexo con la función del habitar, como un espacio vital donde arraigamos día tras día en nuestro propio «rincón del mundo». El diseño de una casa puede ser visto como la parte incidental de la historia arquitectó- nica, pero en realidad su reto al diseñador sigue siendo la prueba más dura impuesta a su capacidad para dominar todo lo que se necesita con tal de encontrar el rincón del mundo íntimo de otra persona, flo- tante entre la infancia y los sueños diurnos y en busca de cobijo para algo más evi- dente y querido que la realidad. La Casa

Schreiber, al sur de Chester y junto al río Dee, se enfrenta a los conceptos planea- dos por la fenomenología del espacio habi- tado, con un vigor que desarma por su misma simplicidad. La imagen del tejado a dos aguas es siempre su gablete, y el te- jado en forma de L sobre la planta rectan- gular está diseñado de tal modo que el gablete, pese a toda su fuerza triangular, resulta siempre legible. El corte en el cen- tro del tejado subraya la claridad del ático en su proximidad al cielo abierto, en más de un aspecto material. El garaje está cu- bierto independientemente, con una cum- brera ligeramente más baja para denotar su cualidad de servicio en relación con el espacio habitado, al que está vinculado por un alero común que corta drástica- mente la parte resguardada de la resguar- dante. La articulación entre los dos cuer- pos aporta un amplio y hospitalario porche en el que se entra sin tomar la opción final de cruzar el umbral. Aunque el interior tiene una transparencia como un simple pabellón y se lee como tal en el lado de la terraza y el jardín, la casa posee un borde más denso en la entrada,

que contiene cuartos de servicio y que protege la intimidad de su propio interior. La habitación de huéspedes está ligera- mente separada dentro de esta intimidad, más allá de un foyer que permite titubear en cuanto a asumir o no la vida compar- tida de la propia casa. Hay algo de la sencillez de la residencia rural palladiana que otorga a este edificio una cualidad más allá del tiempo, y esto hace que la fusión del Movimiento Mo- derno con la tradición parezca tan natural y evidente que uno se pregunta por qué no se ha producido antes. Gowan tiene su punto de partida allí donde Lutyens acabó.

Schreiber House, Chester, England, 1980
Architect: James Gowan

"Engaging but elusive, the English house is more of a concept than a reality", writes James Gowan. The same could be said about the English weather, though its wetness does not soak up reality. Houses after all, are related to weather and offer a maternal shelter to our, shall we say, elusive concepts. So together, house, weather, concepts and all, the circle is complete but never there. That is the problem when you mention reality. Gaston Bacheland has it all written down. Childhood home versus dream houses. Every home builder carries both along with him, the emphasis tilting with images that cling to the illusions of stability. Bachelard suggests that "a house is imagined as a vertical being. It rises upward. It differentiates itself in terms of its verticality of the roof to the irrationality of the cellar". A pitched roof means shelter. "Up near the roof our thoughts are clear. In the attic it is a pleasure to see the bare rafters of the strong framework.

But the cellar is first and foremost the dark entity of the house, the one that partakes of subterranean forces. When we dream there, we are in harmony with the irrationality of the depths." Naturally, Bachelard thinks of a French house, like Gowan does of an English one, but they both consider the house beyond a built object and more of a tangable attempt to reveal an attachment to the function of inhabiting, of a vital space where we take root day after day in our own "corner of the world". The design of the house can be seen as the incidental part of architectural history, but in fact, it's challenge to the designer remains the most severe test of his skill to master all that is needed to meet the corner of another person's intimate world that hovers between childhood and day dreams, seeking shelter for something more evident and loved than reality. The Schreiber house, just south of Chester overlooking the river Dee, faces the concepts posed by the phenomenology of the inhabited space with a vigor which is disarming in its simplicity. The image of the pitched roof is always its gable, and the L-shaped roof over

the rectangular plan is designed in a such a way that the gable, with all its triangular force, is always readable. The cut in the center of the roof emphasises the clarity of the attic in its closeness to the open sky in more than a material way. The garage is roofed independently with a slightly lower ridge to mark out its service quality in relation to the inhabited space, to which it is linked with common eaves that emphatically cut the sheltered from the sheltering piece. The articulation between the two bodies provides a wide, welcoming see-through porch where one already enters, without taking the final option of passing over the threshold. Although the inside has a transparency like a simple pavillion and reads as such overlooking the terrace and garden, the house has a denser edge to the entrance, containing service rooms, that protects the privacy of its inner self. The guest room is gently separated within this privacy beyond a foyer that allows for hesitation before engaging in the shared life of the house itself.

There is something of the simplicity of the rural Palladian residence that bestows a

timeless quality about this building that makes the merging of the Modern Movement with tradition seem so natural and evident that one wonders why it has not occured before. Gowan takes over where Lutyens left off.

6. Fachada sudeste.
7. El vestíbulo-sala de estar.
8. Detalle.

6. South-East façade.
7. The hall living room.
8. Detail.

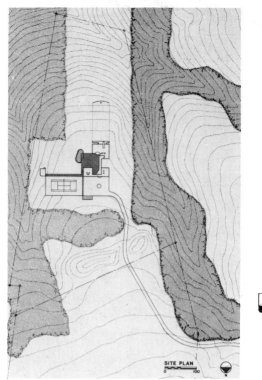

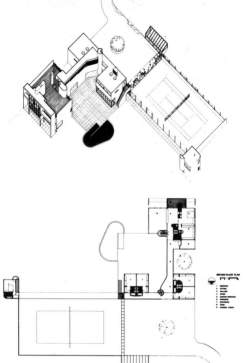

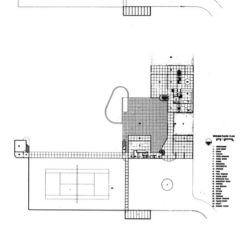

Casa Taft, Cincinnati, Ohio, Estados Unidos, 1978

Arquitectos: Gwathmey/Siegel Associates
Arquitecto colaborador: Gustav Rosenlaf

«Nuestro enfoque respecto al diseño se basa en tres proposiciones interrelacionadas: 1) No hay preconcepción estética de la forma. Cada programa genera nuevos y diferentes juegos de información y constreñimientos. La forma es generada por lugar, orientación, clima, programa y referencias tecnológicas. 2) Los componentes esenciales organizativos en cualquier diseño son: circulación, luz y claridad volumétrica. 3) Todos los edificios son similares en abstracción, y por tanto el proceso de diseño para programas específicos es similar.»

Estas palabras en boca de uno de los neo-racionalistas y neo-puristas New York Five parecen curiosas y, examinadas detenidamente, contradictorias. La primera afirmación es difícilmente creíble, en parte por el obvio vocabulario selectivo que usa el arquitecto —cubiertas planas y colisión de puras formas geométricas— y en parte por su tercera aseveración, que implica memoria histórica en acción antes de la concepción. Sin embargo, Dios nos libre de juzgar la arquitectura a partir de las manifestaciones de los arquitectos. Charles Gwathmey es de carne y hueso, y su agudo intelecto es suavizado por una compasión respecto al hábitat humano. Los claros objetos perceptuales que caracteri-

zaron anteriores casas de Gwathmey se han hecho cada vez más episódicos, y en algunos casos el resultado es una imagen confusa. Sin embargo, con la Casa Taft parece retornar a la anterior disciplina. La posterior Residencia de Long Island así lo confirma.

El origen de la forma de la Casa Taft puede ser buscado, por tanto, en dos fuentes distintas, pero relacionadas entre sí: el proceso de diseño y la experiencia del campo de investigación propuesto por el autor, y la interpretación específica del lugar y los requerimientos del programa. El primero se basa en una admiración por la obra de Le Corbusier, y, como ha sido sugerido por el crítico Kenneth Frampton, de las puras formas euclidianas de Louis I. Kahn, enriquecidas con «temas espaciales manipulados extraídos del estilo Shingle, a fin de combinar los desplazamientos volumétricos de Le Corbusier con elementos incorporados derivados de Frank Lloyd Wright... e incluso de Rudolf Schindler». Los parámetros específicos de la Casa Taft incluyen un sitio en pendiente circundado por árboles, con vistas al sur y acceso desde el norte, y un programa para abarcar casas comunicadas, pero separadas para niños y huéspedes, un invernadero, y, al parecer, una pista de tenis.

Sin disponer de ningún elemento contextual «sintético», los arquitectos decidieron deliberadamente crear un lugar más bien que un objeto. Esto se ha hecho disgregando las partes (según las exigencias

del programa) para formar un núcleo parecido a un pueblo, de modo que el espacio exterior se convierta en el generador de formas, no sólo de la casa, sino también del paisaje inmediato. Con ello, la casa se hace incidental para la domesticación del paisaje que flota entre jardín y campo. Esto recuerda el enfoque similar de Edwin Lutyens, particularmente en sus Grey Walls y Deanery Garden.

Esta aventura en forma —estirado de los intestinos funcionales y después sustitución del muro por capas de fachadas— ha incrementado la sensibilidad del concepto de espacio contenido, puesto que los límites son erosionados para crear una secuencia narrativa a través del territorio del hogar, que lee más allá de unos y otros límites.

1. Emplazamiento.
2. Axonométrica.
3. Planta cubierta.
4. Planta superior.
5. Planta baja.
6. Fachada este.
7. Fachada sur.

1. Site plan.
2. Axonometric.
3. Roof plan.
4. Upper floor plan.
5. Ground floor plan.
6. East façade.
7. South façade.

The origin of the form of the Taft House can therefore be traced to two distinct, but related, sources: the design process and experience of the author's proposed field of investigation and the specific interpretation of the site and program requirements. The former is based on an admiration of Le Corbusier's work, and, as has been suggested by the critic Kenneth Frampton, of the pure Euclidean forms of Louis Kahn enriched with "manipulated spatial themes borrowed from the Shingle Style so as to combine Corbusian volumetric displacements with built-in elements derived from Frank Lloyd Wright... and even Rudolf Schindler". The specific parameters of the Taft House include a tree enclosed sloping site, with views to south and access from the north, and a program to include connected but separate children's and guest houses, a greenhouse and apparently, a tennis-court.

Without any "man-made" contextual elements available, the architects deliberately decided to create a place rather than an object. This they have done by breaking up the parts (according to program requirements) to form a village like cluster so that the external space becomes the form generator not only of the house but also of the immediate landscape. The house thus becomes incidental to the domestication of the landscape that hovers between garden and countryside. One is reminded of the similar approach by Edwin Lutyens, particulary his Grey Walls and Deanery Garden.

This adventure in form —stretching out the functional intestines and then substituting the wall for layers of façades, has increased the sensibility of the concept of contained space, since the limits are eroded to set up narrative sequence through the territory of the home that reads through the boundaries of here and there.

Taft House, Cincinnati, Ohio, U.S.A., 1978

Architects: Gwathmey/Siegel Associates
Colaborator Architect: Gustav Rosenlaf

"Our approach to design is based upon three propositions that inter-relate: 1) There is no aesthetic preconception of form. Every program generates new and different sets of information and contraints. Form is generated by site, orientation, climate, program and technological references. 2) The essential organizational components in any design are circulation, light, and volumetric clarity. 3) All buildings are similar in abstraction, thus the design process for specific programs is similar."

This from one of the Neo-Rationalist and Neo-Purist New York Five seems curious, and if examined closely, contradictory. The first statement is difficult to believe, partly by the obvious selective vocabulary that the architect uses, flat-roofed, collision of pure geometrical forms, and partly by his third statement that implies historical memory at work before conception. But God forbid that we judge architecture from architects statements. Charles Gwathmey is made of flesh and blood, and his sharp intellect is mellowed with compassion for the human habitat. The clear perceptual objects which characterized Gwathmeys earlier houses have become more and episodic, and in some cases a confused image is the result. But with the Taft House, early discipline seems to be returning. The later Long Island residence confirms this.

8. El estudio.
9. La escalera.

8. The study.
9. The staircase.

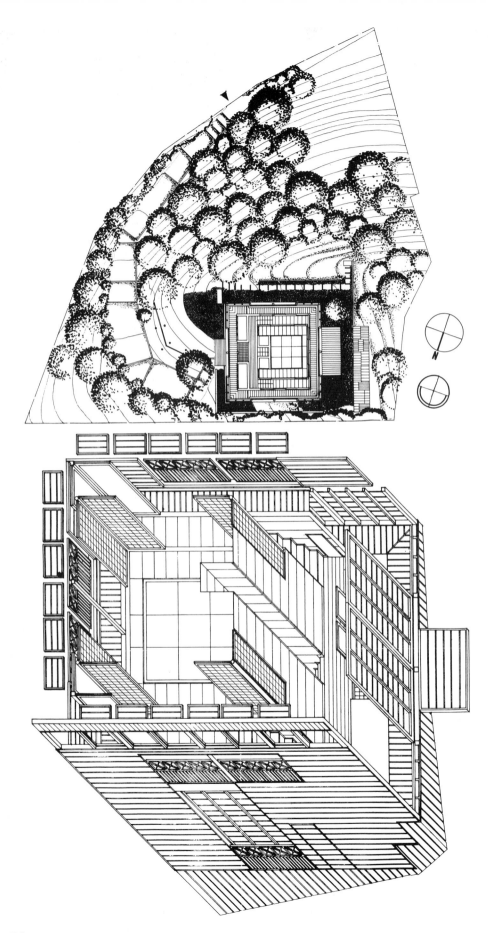

Segunda casa Kudo, Karuizawa, Nagano, Japón, 1976
Arquitecto: Hiroshi Hara

Según Bachelard, «cuando la soledad humana se agudiza, dos inmensidades se tocan y se hacen idénticas». Las dos inmensidades mencionadas son las del espacio de la intimidad y del espacio del mundo. Cita las observaciones de Rilke sobre las inmensidades del espacio circundante y dentro de un árbol que no conoce límites. Un árbol desafía la definición de espacio porque sus ramas y ramitas fusionan el «fuera» con el «dentro». Un árbol no tiene umbral. Excepto para el niño que se agarra a su rama más baja para elevarse sobre el suelo, y aun en este caso sólo pasa a existir por un momento a través de la acción del chiquillo. Este momento del paso de una inmensidad a otra está tan cargado de significado, como Caronte al cruzar la laguna Estigia, que el camino a través del cual se encuentran y donde se toma la opción de entrar o de salir, de mirar hacia fuera o hacia dentro, es decir, las aberturas y cierres en las paredes protectoras de un edificio, se convierten en lo que Hiroshi Hara denomina «la naturaleza básica de la arquitectura».

Toda la historia de la relación entre la intimidad del hogar y el universo más allá de él, de temor, de amor, y no sólo a la naturaleza en sí, sea ésta severa o amable, sino todavía más a la interrelación social del hombre, puede ser leída en las puertas y ventanas de las paredes. En otro aspecto, las proporciones y la armonía entre lo sólido y lo vacío en las paredes exteriores pueden ser determinadas por un código disciplinado que significa la posición o «categoría» del edificio en la jerarquía del poder político, utilizando cultura para estos fines. Pero no es éste el caso de la Casa Kudo. Es un edificio intrigante porque su tratamiento del umbral, entre aquí y allá, está más cerca del árbol de Rilke que, por ejemplo, del Palazzo Farnese en Roma. El umbral queda disminuido por su adición. Una fachada dentro de una fa-

1. Emplazamiento.
2. Axonométrica.
3. Vista desde el sudoeste.

1. Site plan.
2. Axonometric.
3. View from the South West.

chada. El sólido está formado como un vacío resguardado y el vacío está tejido con una densa balaustrada y queda cerrado por paneles deslizantes del sólido que es un vacío cercado. Toda la casa se ha convertido en un templo donde dos inmensidades se tocan y el movimiento simétrico a través de la profundidad de la habitación japonesa, aumenta la formalidad del acto.

La Arquitectura Moderna recurrió extensamente al vocabulario japonés tradicional, lo que ha dificultado extremadamente a los arquitectos japoneses el situarse en vanguardia del Movimiento Moderno sin parecer a su vez históricos. Esto les ha inducido, y ello incluye parte de la obra del propio Hara, a dar unas respuestas casi extravagantes a los efectos extremos de los más trepidantes *westerns*. Pero en la Casa Kudo se reconoce una actitud más madura frente a las tradiciones patrias y un vigoroso pulso cultural que tiende a descubrir algo más.

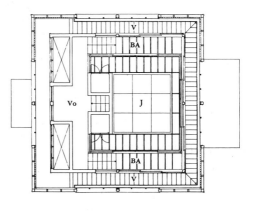

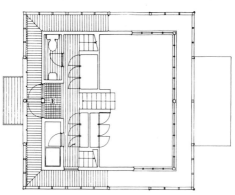

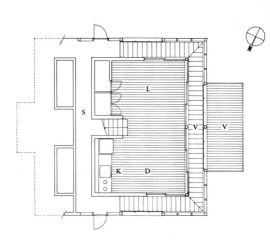

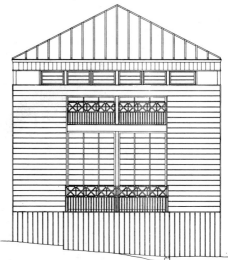

4. Planta superior.
5. Planta entresuelo.
6. Planta baja.
7. Alzado sur.
8. Sección.
9. La sala tatami.

4. Upper floor.
5. Mezzanine floor.
6. Ground floor.
7. South elevation.
8. Section.
9. The Japanese room.

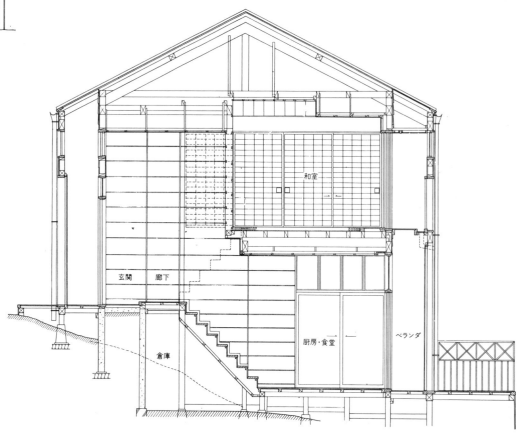

Kudo House II, Karnizawa, Nagano, Japan, 1976
Architect: Hiroshi Hara

According to Bachelard "When human solitude deepens, then two immensities touch and become identical". The two immensities referred to are those of the space of intimacy and the space of the world. He quotes Rilke's observations of the immensities of space about and within a tree which knows no bounds. A tree defies the definition of space for its branches and twigs merge the without with the within. A tree has no threshold, except for the child who clutches up at the lowest branch to heave himself off the ground and then it only comes into existence for a moment through the action of the child. This moment of passing from one immensity to the other is so heavily laiden with significance, like Charon crossing the Styx, that the way through, where they meet and where the choice is taken to go in or go out, to look out or look in, and the ope-

nings and closings in the protecting walls of a building become, what Hiroshi Hara calls, the "basic nature of architecture."
The whole history of the relationship between the intimacy of the home and the universe beyond, of fear, of love, not only of nature itself, be it severe or kind, but even more of the social intercourse of man can be read in the doors and windows of walls. In another aspect, the proportions and harmony between the solid and void in the exterior walls may be determined by a disciplined code that signifies the position or "standing" of the building in the hierarchy of political power using culture for these ends. But this is not the case of the Kubo villa. It is an intriguing building because its treatment of the threshold, between here and there, is closer to Rilkes tree than, say, the Palazzo Farnese in Rome. The threshold is diminished by its addition. A façade within a façade. The solid is made as a screened void and the void is laced with a dense balustrade and closed with sliding panels of the solid that

a screened void. The whole house has become a temple where the two immensities touch and the symetrical movement, through into the depth of the solitude of the Japanese room, increases the formality of the act.
Modern architecture borrowed heavily from the traditional Japanese vocabulary which has made the way extremely difficult for the Japanese architects to place themselves within the vanguard of the Modern Movement without appearing historical themselves. This has led them, including some of Hara's work, to almost freak responses to the fringe effects of the wildest "western" adventures. But in the Kudo villa, one recongnizes a more mature attitude to home traditions and a strong cultural pulse that is keen to discover more.

Casa Aoki, Minato-ku, Tokio, Japón, 1978
Arquitecto: Arata Isozaki

Manierista confeso («He adoptado un método arquitectónico, una *manière, maniera*, como medio de ir críticamente más allá del Movimiento Moderno»), Isozaki abraza generosamente formas arquitectónicas de todas las épocas y de todos los lugares, y las reutiliza, con variaciones adecuadas, en una visión pluralista de una disciplina arquitectónica autónoma. Es, esencialmente, un enfoque de gran carga cultural respecto al diseño, al que sólo su abstracción resultante lo hace identificable con la arquitectura japonesa actual.

¿Qué significa *maniera*? Significa estilo, pero en particular puede inferir, como solía ocurrir en el siglo XVI, una persona o un objeto poseedores de estilo, una deseable atribución. Sin embargo, el uso histórico posterior convirtió el significado en un término derogatorio más cercano a la estilización que implica el peso muerto de una carencia de imaginación creativa. Es de suponer que Isozaki no da a entender ninguna de estas definiciones, sino que más bien emplea el término más general que califica e identifica las obras de diferentes arquitectos a través de tiempo y lugar. Con una sencillez que desarma, nos dice que copia. No de la Naturaleza, sino de la Cultura. No copia literalmente, sino por desplazamiento. En otras palabras, cita y reutiliza a partir del vocabulario universal, de una manera ecléctica, sumergiendo estos fragmentos en la disciplina de una nueva serie de parámetros. Estos nunca son rígidos; de hecho, son ambiguos y a menudo están llenos de ironía e ingenio, como dice el crítico Udo Kulterman. Esta ambigüedad podría tener algo que ver con su fascinación frente a lo que él considera como los dos polos opuestos de la percepción espacial: «En un polo del eje hay una imagen de oscuridad relacio-

1. Planta sótano, planta baja y primera planta de la galería y el taller.
2. Plantas segunda, tercera y cubierta de la casa.
3. Sección y alzado de la calle y este.
4. Galería de la planta baja.

1. Ground and first floor plans of the gallery and workshop.
2. Second third and roof plans of the home.
3. Section and street and East elevations.
4. The ground floor gallery.

nada con la psicología de la profundidad, la magia y los símbolos; en el otro polo del eje hay un orden de espacios semiológicos, abstractos y ambiguos relacionados con la idea de vacío o ilusión.» Confiesa haber estado interesado principalmente por lo segundo, pero ahora, con la Casa Aoki, ha deseado confrontar la ilusión que brota de la oscuridad.

Estas preocupaciones suscitan un eco escéptico en los oídos occidentales y parecen muy distantes de los objetivos racionales del Movimiento Moderno, pero si aplicamos sus sonidos medievales de oscuridad al plano del juego de luz y sombra sin el cual ningún edificio puede convertirse en arquitectura, entonces podremos apreciar su punto de vista. Sin embargo, el problema de la construcción de una pequeña casa urbana topa con más dificultades aparte de las metafísicas. Nada mejor al respecto que citar al autor:

«Probablemente, en ningún caso son debidamente desbrozados todos los problemas que conectan con la relación de la ocupación del solar, la necesidad de un retranqueo en las plantas superiores para no privar a los vecinos del sol, protección del derecho a una buena vista por parte de todo el vecindario, construcción de ci-

mientos, etcétera. A través de un proceso de repetidos y minuciosos ajustes, persistió la idea de la bóveda y de un interior en el que predomine el hormigón visto... Seleccioné el hormigón visto por dos razones. Primero, el propietario y su esposa hacen obras artísticas en acero inoxidable, y hay una sala de exposición en el sótano, una galería en la planta baja y un estudio encima. Me pareció que estas grises superficies de las paredes de hormigón eran un fondo apropiado para obras de un metal duro y brillante. Segundo, una estructura con muros de carga en hormigón y con techos aligerados prometía una mínima obstrucción del espacio, consideración importante cuando el lugar es limitado como éste...

»En la planta superior del edificio hay una habitación uniespacio que contiene la sala de estar y la cocina comedor, separadas por una pantalla de granito. El suelo de este espacio, como el de la galería de la planta primera, es de pizarra y está provisto de calefacción debajo del suelo. La pizarra es negruzca, y todo el mobiliario es negro o gris oscuro. Antes, limitaba los colores de interior a un angosto espectro del gris al blanco, porque quería producir algo así como un ambiente crepuscular.

Un deseo similar domina el esquema de color en esta habitación, aunque en este caso el predominio es más negro, más cercano a la oscuridad total. Me encanta encender las luces de halógeno en la habitación, dándoles una baja intensidad. Pero un exceso de oscuridad dificulta el movimiento, y resulta esencial un mínimo de iluminación. Sin embargo, cuanto más oscura la habitación, más sutilmente atractivo es el brillo de la mesa de uretano, negra y pulimentada, y del suelo de pizarra.»

La tipología del edificio se amolda a la típica tienda con apartamento encima, salvo que la sala de estar está situada en la planta superior, sobre los dormitorios. Esto presenta las ventajas de la luz y la vista, y la posibilidad de admitir la bóveda alzada que el arquitecto tenía en su mente desde el principio. Sin embargo, los problemas de acceso se incrementan al convertirse en un ejercicio laberíntico el atender al visitante en la puerta principal. Incluso la mejor arquitectura ha de hacer frente a problemas ordinarios cuando se trata del diseño de una vivienda. La gracia está en la elevación de tales problemas a un nivel poético, dentro de la autonomía de la arquitectura.

Aoki House, Minato-Ku, Tokyo, Japan, 1978
Architect: Arata Isozaki

A self confessed Mannerist ("I have adopted an architectural method, a Maniere —Maniera— as a means of critically passing beyond the Modern Movement") Isozaki generously embraces architectural forms from all ages and all places and re-uses them, with suitable variations, in a pluralist vision of an autonomous architectural discipline. It is essentially a culturally loaded approach to design that only its resulting abstraction makes it identifiable with current Japanese architecture.

What is meant by Maniera? It means style, but more particulary it can refer, as it used to be in the sixteenth century, to a person or an object having style, a desirable attribution. However, later historical use turned the meaning around into a derogatory term, closer to stylization, implying the dead weight of a lack of creative imagination. It is to be presumed that Isozaki means neither of these definitions, but rather the more general term that qualifies and identifies the works of different architects throughout time and place. With disarming simplicity, he is telling us that he

copies, not from nature, but from culture. He copies, not literally, but by displacement. In other words, he quotes and re-uses, from the universal vocabulary in an eclectic way, submerging these fragments to the discipline of a new set of parameters. These are never rigid. They are, in fact, ambiguous and often full of irony and wit according to the critic Udo Kulterman. This ambiguity could have something to do with his fascination with what he considers to be two opposite poles of spatial perception: "at one pole of the axis is an image of darkness related to depth psychology, magic and symbols; at the other pole of the axis is an order of semiological, abstract, ambiguous spaces related to the idea of void or illusion". He confesses to have been mainly interested in the latter, but now, with the Aoki house, he wished to confront illusion that emerges from darkness.

These preocupations fall skeptically on Western ears and seem a far cry from the rational objectives of the Modern Movement. But if we slide his medieval sounds of darkness onto the plane of the play of light and shadow without which no building can become architecture, then we may appreciate his point. But the problems

of building a small urban house encounter more difficulties than the metaphysical ones. We can do no better than quote the author.

"Probably in no instance are all the problems connected with coverage ratio, the need to recede upper stories to avoid blocking neighbors' sunlight, protection of rights to good views by all in the vicinty, foundation construction and so on, worked out smoothly. Throughout a process of repeated, minute adjustments, the idea of the vaulted roof and of an interior in which fairfaced concrete predominates persisted... I selected fair-faced concrete for two reasons. First, the owner and his wife do artistic works in stainless steel, there is a showroom on basement level, a gallery on the ground floor, and a studio above. It seemed to me that grey concrete wall surfaces were appropiate background for works in hard, gleaming metal. Second, a concrete bearing-wall structure with hollow-slab floors promised maximun unobstructed space, and important consideration when the site is limited as this one...

"On the top floor of the building is a unispace room containing living room and dining-kitchen, separated by a granite screen.

The floor of this space, like that of the gallery on the first floor, is slate and out-fitted with floor heating. The slate is blackish; all of the furniture is either black or dark grey. In the past, I limited interior colors to a narrow spectrum from grey to white because I wanted to produce something like a twilight mood. A similar desire dominates the color scheme in this room, though in this case the mood is blacker, closer to total darkness. I am fond of turning the halogen lights in the room down to a low level. But too much darkness makes movement difficult, and a modicum of illumination is essential. Never the less, the darker the room, the more subtly attractive the gleam of the black polished urethane table and the slate floor."

The typology of the building conforms to the usual shop with an apartment above, except that the living room is placed on the top floor above the bedrooms. This has the advantages of light, views, and the possibility of admitting the raised vault that the architect had in mind from the begining. However the problems of access are increased, with answering the front door visitor becoming a labyrinthical exercise. Even the best architecture has to grapple with ordinary problems when dealing with the design of a home. The grace lies in the elevation of these problems to a poetic level within the autonomy of architecture.

5. Fachada de la calle.
6. Escalera.
7. Bóveda de la sala de estar.
8. Vista desde la sala de estar hacia la cocina-comedor.

5. Street façade.
6. Staircase.
7. Vault of the living room.
8. View from the living room towards the dining kitchen.

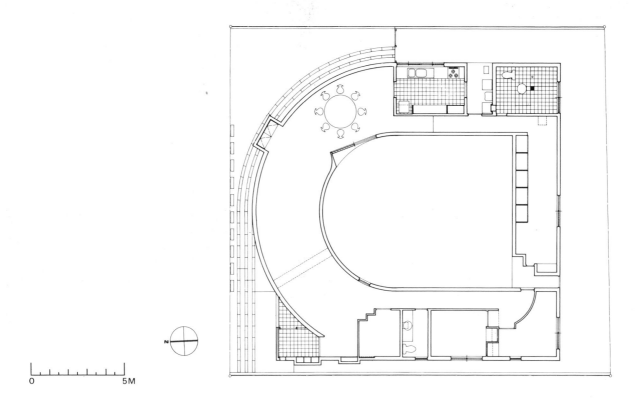

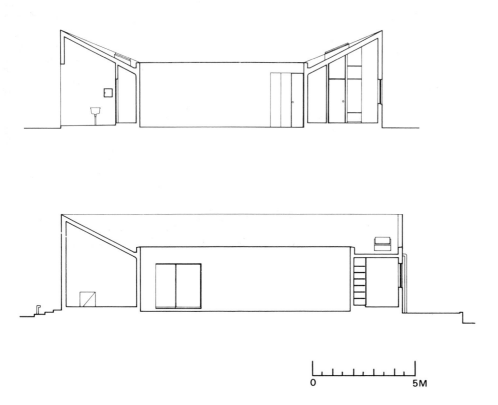

Casa en Nakano, Tokio, Japón, 1980
Arquitecto: Toyo Ito

La arquitectura japonesa parece tratar desesperadamente de encontrarse a sí misma; en cierto modo, el Movimiento Moderno se apoderó de la identidad japonesa en los simples grabados en blanco y negro del siglo XIX, que condujeron a la frialdad de la temprana Arquitectura Moderna. Recordemos también que el estilo horizontal procedió de la propia casa japonesa. Después de la segunda guerra mundial hubo una intensa corriente de occidentalización, Le Corbusier et alt. y comercialismo urbano. La vaciedad de esta forma de segunda mano provocó primero una audaz aventura tecnológica en metabolismo y después lo que cabría denominar una especie de reacción espiritual. Aparecieron imágenes cada vez más extrañas, y siguen apareciendo, que hicieron trizas la disciplina de la arquitectura.

Los años setenta representaron una década vital para la arquitectura japonesa cuando la forma, como resultado de adoptar objetos estadounidenses, y de montar un *collage*, se convirtió en forma por la forma, mezclada con un remedo de redundancia intelectual cargado de misticismo romántico, en un esfuerzo destinado a

reafirmar la identidad oriental. La Casa Nakano, de Toyo Ito, aporta un sobrio comentario sobre esta situación. En la apiñada multitud suburbana, el aislamiento y la intimidad sólo pueden conseguirse por introversión. Enfrentado a la realidad de este asalto a los tradicionales y establecidos requerimientos de la vida hogareña, que opta como todo el mundo por «Comodidad, Firmeza y Placer», Toyo Ito ha diseñado una forma que es tan chocante en su novedad como en su tradición. Lo que ocurre es que esta novedad ha desplazado las imágenes de su entorno. Se entra a través del ábside o, para ser más exactos, uno se desliza a lo largo del mismo; la principal zona habitable se encuentra «fuera» del absis interno, dentro del bucle; el patio, una isla de espacio exterior, está separado de la casa que lo encierra sólo por la entrada y la zona comedor, y una hendidura desde el estudio atestigua su presencia. En un esfuerzo encaminado a realzar todo el placer del espacio en bucle, su curso incierto viene puntuado por la intersección de un número de pequeñas zonas que, como asegura el arquitecto, sirven como fonemas, sonidos significativos, que producen una sensación como de remansos en la corriente del espacio.

La luz forma parte del placer. Una rendija de 45 cm entra desde el cielo y «produce unos juegos de luz sorprendentemente variados. Por la mañana, en un día despejado, proyecta una fisura luminosa que es estrecha y ligeramente curva, como una espada japonesa. Al pasar el tiempo, esta pauta cobra mayor grosor hasta convertirse en un cinturón de luz curvado entre pared y suelo. Al atardecer, de nuevo se estrecha para reflejar el sol occidental. Más tarde, no da sino un barrunto del color de la luz exterior». El blanco se agrega a la luz como un color neutro que no aporta nada de por sí, pero sí todo lo demás. El suelo del patio, donde el espacio remolonea, es negro. Las paredes exteriores y la cubierta son de un gris monótono; sólo la puerta frontal es blanca, para señalar la quietud que reina en el interior.

La Casa Nakano es una casa «ordinaria» extraordinaria, tal vez no adecuada para más de un gusto; la severidad de su mobiliario todavía no ha establecido un diálogo familiar relajado, pero responde a la realidad de su emplazamiento más bien que a una idea abstracta de la arquitectura.

1. Planta.
2. Secciones.
3. Exterior.

1. Plan.
2. Sections.
3. Exterior.

House in Nakano, Tokyo, Japan, 1980
Architect: Toyo Ito

Japanese architecture seems to be desperately trying to come to terms with itself. The Modern Movement did somehow rob the Japanese identity in the simple black and white prints in the nineteenth century that led to the bleakness of early modern architecture. We also remember that the horizontal styling came from the Japanese house itself. After World War II, there was a strong current of Westernization, Le Corbusier *et al.* and urban commercialism. The emptiness of this second-hand form provoked, first, a hightened technological adventure in metabolism and then, what must be termed a sort of spiritual reaction. Stranger and stranger images found themselves published, appeared, and still appear, to tear the discipline of architecture to shreds.

The seventies provided a vital decade to Japanese architecture when form, as a result of poaching from U.S. objects, and assembling collage events, became form for forms sake, mixed with a banter of intellectual redundancy charged with a romantic mysticism in an effort to reassert the oriental identity. The Nakaro house by Toyo Ito, provides a sober commentary on this situation. In the jostling crowd of suburbian detached, privacy and intimacy can only be achieved by introversion. Faced with the reality of this assault upon customary established requirements of home life that likes "Commodity, Firmness and Delight" as much as anyone else, Toyo Ito has designed a form that is as shocking in its novelty as it is in its tradition. It is just that the former has shifted the images around. You enter through the apse, or rather more respectfully, slip in alongside it. The main living area is *outside* the inner apse, within the loop. The courtyard, an island of outside space, is separate from the house that encloses it, for only the entrance, dining area, and a slit from the study acknowledge its presence. In an effort to enhance the delight of the looped space, its aimless course is punctuated with the intersection of a number of small areas, which as the architect claims, serves as phonemes, significant sounds, which produce an eddying feeling in the flow of space.

Light is part of delight. A 45 cm slice enters from the sky and "produces surprisingly varied patterns of light. In the morning, on a fair day, it projects a fissure of light that is narrow and slightly bent, like a Japanese sword. As time passes, this pattern thickens to become a belt of light bent between wall and floor. In the evening, it narrows again to reflect the western sun. Later, it gives nothing but a hint of the colour of the outdoor light". White is ad-

ded to light as a neutral color that conveys nothing itself but everything else. The earth of the court, where space lags, is black. The outside walls and roof are a monotone grey. Only the front door is white, signalling the quietness within.

The Nakano house is an extraordinary "ordinary" house, not perhaps fitting for many a taste. The severity of its furnishings have not yet established a relaxed family dialogue, but it does respond to the reality of its place rather than to an abstract idea of architecture.

4. Vista desde la zona del comedor hacia el ábside de la habitación principal y patio.
5. El rayo de sol se desplaza a través de la habitación principal desde la claraboya.
6. La habitación principal vista desde el vestíbulo.
7. El ábside.

4. View from the dining area towards the apse of the main room and court.
5. The ray of sunlight moves across the main room from the skylight.
6. The main room looking towards the entrance.
7. The apse.

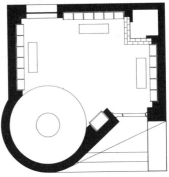

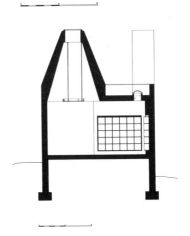

1. Emplazamiento.
2. Planta del estudio.
3. Sección del estudio.
4. Vista desde el camino de la entrada.
5. El estudio como objeto en el campo.

1. Site plan.
2. Plan of the study.
3. Section of the study.
4. View from the entrance drive.
5. The study as an object in a field.

Estudio propio, New Canaan, Connecticut, Estados Unidos, 1980
Arquitecto: Philip Johnson

Entre aquellas figuras enigmáticas que flanquean el curso de la Arquitectura Moderna, Philip Johnson ha suscitado más irritación que curiosidad. Como un aristócrata culto según la mejor tradición *amateur*, interviene a su antojo en arquitectura. El mismo trazó las reglas del juego cuando introdujo la arquitectura europea en Estados Unidos, despojada de su contexto social y reducida a su forma como Estilo Internacional en el Museum of Modern Art de Nueva York, en 1932. Esto fue casi el beso de la muerte, puesto que, sin su ideología social, el Movimiento Moderno es una fuerza exhausta. Pero antes de que esto ocurriera, irrumpió en la escena arquitectónica con una obra clásica —su primera a la edad de 43 años—, la Glass House para sí en 1949, superando al propio Mies.

Tal fue el inicio de una casa de campo que ha crecido, pabellón tras pabellón, a lo largo de los años, estableciendo una relación casual con la naturaleza y la historia. En los años setenta, esta colección privada de autorretratos señala un retorno a los comienzos primitivos de un campamento o poblado tribal, como morada rural aliñada con la elegancia de un «circuito» jardín ochocentista, para recibir visitas. Réplica a la Glass House es la sólida y rectangular Guest House, la Casa de Invitados, en obra de ladrillo, y más abajo, junto al lago una «imitación» de pabellón —sólo por la vista, como hizo William Kent para lord Burlington en Stowe—, y más arriba el pabellón excavado que oculta una Galería de Pinturas, y más allá las gradas irregulares de la Galería de Esculturas. Ahora, en un campo de reciente adquisición, tenemos la última novedad: el Estudio. Se trata de un cuadrado y un círculo, la última adición construida en los años setenta, que retorna a las dos formas básicas de la Glass House, pero esta vez ambas son sólidas y señalan un regreso vinculado a la intimidad y a la seguridad del recuerdo.

Cabe lamentar la ausencia de contexto social en la arquitectura norteamericana, pero la arquitectura permanece nonata sin forma, y hay que anotar en el crédito de Johnson el que dispongamos hoy de un rico vocabulario histórico que, con habilidad, puede conducir a soluciones inesperadas poseedoras de recuerdos de valores icónicos, que satisfagan ese anhelo de permanencia tan esencial para ese lugar al que llamamos hogar.

Johnson House, The Study, New Canaan, Connecticut, U.S.A., 1980
Architect: Philip Johnson

Among those enigmatic figures that line the course of modern architecture, Philip Johnson has aroused more irritation than curiosity. Like a cultured aristocrat in the finest amateur tradition, he dabbles in architecture as he pleases. He himself arranged the rules of the game when he introduced modern European architecture into the States, stripped of its social context and laid bare in its form as the International Style at the New York Museum of Modern Art in 1932. This was almost the kiss of death since the Modern Movement, without its social ideology, is a spent force. But before this occured, he broke upon the architectural scene with a classic work, his first, at the age of 43, —The Glass House for himself in 1949, outplaying Mies himself.

This was the begining of a country house which has grown pavilion by pavilion over the years, making a casual relationship with nature and history. Now, in the seventies, this private collection of self portraits marks a return to the primitive beginings of a tribal encampment, or compound, as a country dwelling, brewed with the elegance of an eighteenth century garden "circuit" for entertaining. Replying to the Glass House is the solid brick rectangular Guest House, and down on the lake, a "fake" pavilion folly just for the view, as William Kent did for Lord Burlington at Stowe —and up on the field above the dug-out pavilion hiding a Painting Gallery, and beyond the irregular stepped Sculpture Gallery. Now, in a newly aquired field, we have the latest addition— the Study. A square and a circle, the latest addition built in the seventies, which returns to the two basic forms of his Glass House. But this time, both are solid, marking a return embracing the intimacy and the security of memory.

We may lament the absence of social context in American architecture, but architecture remains unborn without form. It is to Johnson's credit that we now have a rich historical vocabulary available that with skill, can be shifted into unexpected solutions retaining memories of iconic values, satisfying that longing for permanency so essential for that place we call home.

Casa Malchen, Seeheim, Alemania, 1977-1979
Arquitecto: Ante Josip von Kostelac

Si el diseño de una casa «representa un intento de reconciliar el arte con las necesidades prácticas y económicas», esta casa de Kostelac abre un claro sendero entre las enmarañadas y húmedas malezas que han crecido por encima y alrededor de las raíces de la Arquitectura Moderna. La misma cantidad de edificación llevó los principios disciplinados de los precursores más allá de todo posible control de las nuevas situaciones a medida que éstas surgían y desaparecían. Los principios eran totalmente inadecuados para afrontar los grandes problemas de reconstrucción y expansión de los países industriales, ya que no habían tenido tiempo para madurar y absorber estas nuevas experiencias. La crisis sobrevino antes de que fuese posible ofrecer un Tratado, y un millar de teorías estuvieron a punto de sofocar esta criatura de la arquitectura. Sin embargo, entre todas ellas empezaron a aparecer ciertos valores más sólidos. En los años setenta, con el colapso económico que puso fin al *boom,* la reflexión y la puesta a prueba de varios modelos arquitectónicos formados basándose en el énfasis de unos valores surgidos aquí y allá, estuvieron en el orden del día. Generalmente, los resultados distan de ser satisfactorios porque la finalidad del diseño ha consistido en unirse a las críticas en la eliminación de las malezas. El contexto social de la Arquitectura Moderna extrajo forma de los tableros de dibujo en un intento encaminado a aproximarse más a las confusas y supuestas exigencias de una arquitectura popular, la tecnología ahuyentó a la gente, y la tentativa de recuperar la historia ha disgregado más de un edificio en fragmentos de iconos eclécticos. A su vez, la forma regresó en son de venganza, ya fuese como un ejercicio intelectual narcisista, o bien como instrumento político para ordenar la ciudad. La parte artística de la arquitectura era un impedimento erótico. Teniendo en cuenta todo esto, es lícito asegurar que la arquitectura de los años setenta se encontraba en un estado de transición.

Si contemplanos la Casa Malchen cuidadosamente, podremos encontrar muchos de estos signos de una arquitectura de transición. El propósito y contexto social de una casa particular pueden parecer una contradicción de términos, pero si aceptamos que una casa particular es el auténtico laboratorio de la arquitectura, debido a la íntima penetración del arquitecto en la vida y valores de una molécula de sociedad que prueba hasta los últimos límites la capacidad de diálogo, y debido a que por su simple programa la calidad de

1. Emplazamiento.
2. Planta tercera o "Galería".
3. Planta segunda o "Bel-etage".
4. Planta primera o "Parterre".
5. Planta baja.
6. Acceso y fachada oeste.

1. Site plan.
2. Gallery-first floor plan.
3. Bel-etage-upper floor plan.
4. Parterre-middle ground floor plan.
5. Garage-lower ground floor plan.
6. Entrance and West façades.

forma está por encima de la expresión de dichos valores, uno puede empezar a ver donde radican los valores sociales de una casa privada. Si añadimos a ello su relación formal con sus vecinos y su entorno natural, el contexto social es indiscutible. Hay, en el hábitat humano, dos zonas sociales: la parte familiar más íntima y la sala de recepción, mucho más formal (conocida como *front-room*, o sala de recibir, en las casas de obreros ingleses del siglo XIX). Aunque la Casa Malchen abarca el plano abierto, reconoce esta cuestión social dividiendo claramente la casa en dos partes. Al entrar entre ellas, al unirse a ellas con cristal, y al colocar aquí la mesa de comedor, todas las delicadas relaciones que se dan en la casa han sido observadas y transformadas en lugares amables.

La tecnología es explotada como servidora, no como dueña. No es evidente, pero se usa con la precisión y el esmero de una artesanía, infundiendo un aire de elegancia, y por lo tanto de comodidad, a la

casa. Si la herencia histórica no es rehusada, sino asimilada, cabe notar su presencia en el movimiento jerárquico renacentista a través de un espacio ordenado y supeditado. La rota entrada axial entre los altos órdenes de la retícula del garaje, que debido a su módulo cuadrado más pequeño es defensiva, y la escalera descentrada, se repite con un desplazamiento en el eje transversal a lo largo de la fachada este, donde los peldaños de terraza están desplazados y la distribución de los balcones del dormitorio es asimétrica.

Así, en sección, la altura baja en cascada transversalmente desde el oeste, con la pausa de contrapunto causada por la partición transparente entre las dos alas. Este juego entre el establecimiento de una norma y la ruptura de la misma es repetido con discreción a diferentes escalas, a través de la casa. No obstante, todos estos juegos espaciales formales sólo revestirían un seco interés académico si los requerimientos funcionales no estuvieran

tan bien entrelazados que el esfuerzo conceptual apenas es percibido. El valor otorgado a la artesanía renueva incluso la revolución de calidad observada por el Movimiento Arts and Crafts como preludio antes de los precursores.

La forma es extraída del aplastante concepto territorial de Aldo Rossi respecto al orden urbanístico, más las pequeñas ventanas cuadradas, y ejecutada con habilidad. La blancura del edificio resalta en la suave falda de la colina, como la residencia de campo de un caballero inglés del siglo XVIII. Preside. No en poder, sino en arte.

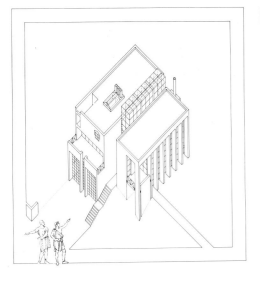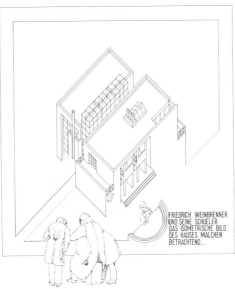

FRIEDRICH WEINBRENNER
UND SEINE SCHUELER
DAS ISOMETRISCHE BILD
DES HAUSES MALCHEN
BETRACHTEND...

Malchen House, Seeheim, Germany, 1977-1979
Architect: Ante Josip von Kostelac

If the design of a house "represents an attempt to reconcile art with practical and economic requirements", then this house by Kostelac cuts a clear path through the tangled wet undergrowth that has grown up, over and around the roots of modern architecture. The sheer quantity of building drove the disciplined principles of the pioneers beyond any possible control of the new situations as they rose and fell. The principles were totally inadequate to cope with the massive problems of rebuilding and expanding the industrial countries as they had had no time to mature and absorb these new experiences.

The crisis came before a Treatise could be offered, and a thousand theories almost suffocated this child of architecture. But among them all, certain stronger values began to emerge. In the seventies, with the economic collapse causing the "boom" to dry up, reflexion and the testing of various architectural models formed on the basis of emphasis on some values here, some values there, became the order of the day. The results are usually far from satisfactory because the object of design has been to join the critics clearing up the undergrowth. The social context of modern architecture drove form off the drawing boards in an attempt to get closer to the confused and supposed requirements of a people's architecture. Technology drove the people away and the attempt to recover history has wrecked many a building into bits and pieces of eclectic icons. Then form came back with a vengance, either as an intellectual narcissic exercise, or as a political instrument to order the city. The art aspect of architecture was an erotic embarassment. With all this in mind, it is fairly safe to claim that the architecture of the seventies was in a state of transition.

If we look at the Malchen house carefully, we can find many of these signs of a transitional architecture. The social purpose and context of a private house may seem a contradiction of terms. But if we accept that a private house is the true laboratory of architecture, because of the intimate penetration of the architect into the life and values of a molecule of society that test to the utmost limits the capacity of dialogue, and because of its simple program, the quality of form is paramount to express those values, then one can begin to see where the social values of a private house lie. If we add to this its formal relationship with its neighbors and natural setting, the social context is unquestionable. There are two social areas in the human habitat: the more intimate family part

7. Sección.
8. Axonométrica, acceso y fachada oeste.
9. Axonométrica: fachadas sur y este.
10. Bel-etage: la sala de estar.
11. Fachada sur.
12. Galería. Vista desde el estudio hacia los dormitorios.

7. Section.
8. Axonometric-entrance and West façades.
9. Axonometric-South and East façades.
10. Bel-etage: the living room.
11. South façade.
12. Gallery. View from the study towards the bedrooms.

and the rather more formal reception room (known as the front room in nineteenth century English workers houses). Although the Malchen house embraces the open plan, by dividing the house clearly into two parts, it acknowledges this social question. By entering between them, by joining them together with glass, and by placing the dining table there, all the delicate relationships that occur in the home have been observed and transformed into kindly places.

Technology is exploited as a servent, not a master. It is not evident, but used with the precision and accuracy of craftsmanship, infusing an air of elegance comfort into the home. If the historical heritage is not refused but assimilated, one can feel its presence in the Renaissance hierarchical movement through an ordered and subjected space. The broken axial approach between the high orders of the glazed grill of the garage, that because of its smallers square module is defensive, and the off-center staircase, is repeated with a shift in the cross axis along the east façade where the terrace steps are displaced and bedroom balcony arrangements asymetrically equal. In section, the height cascades down across from the west, with the counterpoint pause caused by the glazed cut between the two wings. This play between establishing a rule and then breaking it, is repeated with discretion, at different scales throughout the house. But all these formal spatial games would be of only dry academic interest if the functional requirements were not so well interlocked that the conceptual effort is only barely perceived. The value given to craftsmanship renews the very revolution for quality felt by the Arts and Crafts Movements as a prelude before the pioneers.

Form is taken from Aldo Rossi's marching territorial concept of urban order, plus the little square windows, and exercised with skill. The whiteness of the building standing out on the gentle hillside is like an Eighteenth Century gentleman's country residence. It presides, not for power, but for art.

Casa Dickes, Luxemburgo, 1974-1975
Arquitecto: Rob Krier

Rob Krier ha escrito que le agradaría «aprender a dominar la construcción de una casa».

Bien conocido en círculos arquitectónicos por sus enseñanzas teóricas sobre la misión de la arquitectura en la planificación urbana —humanizar la ciudad y llegar a una armonía con sus realidades generadoras de vida, con preferencia a la racionalización ortodoxa de la división funcional de la ciudad— sus edificios son pocos. Por lo tanto, es interesante examinar la Casa Dickes para ver hasta qué punto la teoría (el arquitecto) llega a un acuerdo con la realidad (el cliente) al proyectar la casa.

Este examen a través de una doble lectura, arquitecto y cliente, es la esencia de toda arquitectura doméstica, porque toca una fibra espiritual profunda en toda persona humana: el deseo de construirse la propia casa. Es la paradoja entre la casa de la memoria infantil, como matriz bien protegida, y la casa soñada de eterna satisfacción. Lo interesante es que esta actitud es compartida a la vez por cliente y arquitecto, aunque este último rara vez lo admite, porque utiliza un lenguaje más esotérico. Pero el deseo de Krier —«dominar la construcción de una casa»— consiste en encontrar una vivienda prototipo que sea el *sueño del arquitecto*.

Examinaremos primero este «sueño» citando al propio Krier: «Esta célula viva ha sido desarrollada desde 1966 en varios proyectos que estaban orientados en una misma dirección. Eran viviendas dúplex de tres o cuatro habitaciones con diversas soluciones... Este tipo permite unir la unidad vivienda a otras en tres de sus cuatro lados. La idea de una *maisonette* en forma de L había sido propuesta primero por Le Corbusier en su proyecto para una ciudad de tres millones de habitantes en 1922.»

¿Por qué una vivienda en forma de L y con tres paredes ciegas? La respuesta es que, si se puede diseñar una casa habitable en tales condiciones, entonces es posible doblar una esquina y tejer edificios entre sí, permitiendo con ello que una retícula edificada se avenga con la retícula de la calle, evitando así aquellos espacios urbanos que no pertenecen a nadie. Con grandes habitaciones y un pequeño programa, esto resulta posible, y con ello se ha avanzado no poco trecho en cuanto a incorporar de nuevo la arquitectura a la planificación urbana. Lo que resulta fascinante en la Casa Dickes es que Krier ha enfocado acertadamente el problema de la edificación masiva al verlo tal como debiera ser: el deseo de tener una casa propia, aunque se trate de un apartamento urbano, con todas las conveniencias y comodidades de una casa individual aislada. En la Casa Dickes se ha movido en la otra dirección, del tipo apartamento a la casa, para demostrar este punto. Por lo tanto, tenemos aquí una mayor proximidad al sueño del arquitecto que desea «dominar la construcción de una casa». Subraya la oportunidad social ofrecida por el trabajo de laboratorio efectuado en el diseño de casas individuales para ese mayor problema social de los grupos de viviendas más densos en la ciudad. Debería haber un intercambio de ideas mucho más intenso entre las dos situaciones, y con toda seguridad la vivienda se beneficiaría de ello.

¿Y qué decir sobre el cliente en la Casa Dickes? Según Krier, el cliente deseaba controlar las ventanas agrupándolas: no más ventanas que las necesarias para la escalera y el cuarto de baño. Los propietarios habían tenido, en una casa anterior, una desagradable experiencia con un *voyeur*, por lo que deseaban evitar nuevos problemas teniendo tan sólo ventanas que se miran entre sí y protegidas por una terraza cubierta.

Los dibujos de esta casa 9 x 9 x 9 en un cubo hablan elocuentemente por sí mismos. Con un presupuesto muy reducido, el único lujo fue la columna y el juego formal de la ventana gigante que se inclina para cubrir la terraza, así como la columna «hundida» de la caja de escalera apretada contra la pared sólida.

1. Exterior.
2. Plantas.
3. Alzados y sección.
4. Fachada.
5. Sección.

1. Exterior.
2. Plans.
3. Elevations and section.
4. Façade.
5. Section.

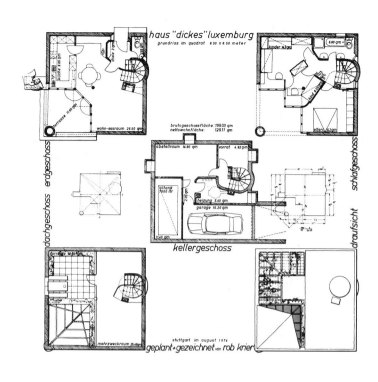

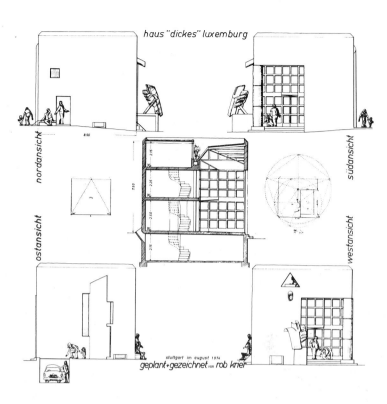

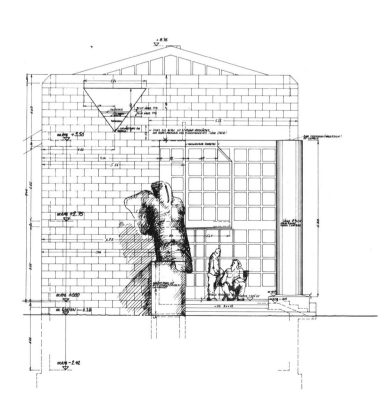

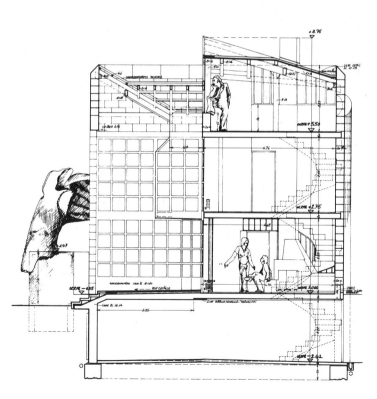

Dickes House, Bridel, Luxemburg, 1974-1975
Architect: Rob Krier

Rob Krier has written that he would like to "Learn to master the building of a house." Well known in architectural circles for his theoretical teaching on the role of architecture in urban planning —to humanize the city and to come to terms with its realities that generate life, rather than the orthodox rationalization of functional division of the city— his buildings are few. So it is interesting to examine the Dickes house to see how close the theory (the architect) comes to terms with reality (the client) in designing the home.

This examination through a double reading, architect and client, is the essence of all domestic architecture because it touches upon a spiritual fiber deep down in every human person —the desire to build one's own home. It is the paradox between the childhood memory house as a sheltered womb and the dream house of eternal satisfaction. What is interesting is that this attitude is shared by both client and architect, although the latter seldom admits it because he uses a more esoteric language. But Krier's desire to "master the building of a house" is to find a prototype dwelling that is the *architects dream.*

We will examine this "dream" first by quoting Krier himself: "This living cell has been worked over since 1966 in several projects that were orientated in one single direction. They were duplex dwellings of three or four rooms with various solutions... This type allows the dwelling unit to attach to others on three of its four sides. The idea of an L-shaped maisonette had been first proposed by Le Corbusier in his project for a city of three million in 1922". Why an L-shaped dwelling with three blind walls? The answer is that if you can design a habitable dwelling in such conditions, then you can turn a corner and thread buildings through each other enabling a building grid to match the street grid thus avoiding those left over urban spaces that belong to no-one. With large rooms and a small program this becomes possible, and one has then gone a long way to bringing architecture back into urban planning. What is fascinating about the Dickes house is that Krier has seen right through the problem of mass housing, seeing it as it should be, the desire to have one's own home, even if it is a city flat with all the conveniences and comforts of an isolated individual house. In the Dickes house, he has moved the other way, from flat type to house, to prove the point. So here we are, one step nearer to the architects dream of "mastering the building of a house". It underlines the social opportunity offered by the laboratory work carried out in the

6. Axonométrica.

6. Axonometric.

design of individual houses for that greater social problem of denser housing groups in the city. There should be a far more intense exchange of ideas between the two situations and housing would be sure to benifit.

What about the client in the Dickes house? According to Krier, the client wanted to control the windows by grouping them together —no other windows except those necessary for the staircase and the bathroom. The owners had had an unpleasant experience in an earlier dwelling by a "voyeur", so much so that they wanted to avoid any more problems by only having windows looking in on themselves protected by a sheltered terrace.

The drawings of this 9 x 9 x 9 house in a cube speak eloquently for themselves. On a tight buget, the only luxury was the column and the formal play of the giant window that bends over to cover the terrace, and the "sunk" column of the staircase pressed into the solid wall.

7. Axonométrica.
8. Boceto de la terraza.
9. Boceto de la planta baja.
10. Exterior.

7. Axonometric.
8. Sketch of the terrace.
9. Sketch of the ground floor.
10. Exterior.

Casa de verano Cápsula "K", Minato, Tokio, Japón, 1972
Arquitecto: Kisho Kurokawa

La Casa Cápsula no se ha incluido en este libro porque represente un avance físico en la arquitectura de transición de los años setenta, sino porque ella, junto con la demás arquitectura japonesa del Metabolismo de los años sesenta, manifiesta de modo claramente monumental la crisis del ingenio tecnológico. Tras décadas de «occidentalización» cultural, estrechamente identificada con la moderna producción industrial, los metabolistas trataron de canalizar la tecnología hacia una técnica más receptiva y flexible, capaz de acomodar las evoluciones y cambios que requiere el individuo.

Bajo la influencia formal de los dibujos por el grupo londinense Archigram, diseñaron y construyeron megaestructuras vincula-das entre sí que soportaban y estructuraban actividades públicas y privadas. Trataron de universalizar la tecnología a fin de acomodar la cultura local y la libertad de lo individual. La extrema simplicidad de esta ideología, que hasta cierto punto germinó gracias al crítico Rayner Banham, condujo a sorprendentes innovaciones en la forma artificial que dieron a la estructura de soporte mayor importancia que a la función específica. Aunque ésta no fuese una nueva ideología, porque las reglas renacentistas de la composición eran también una forma de estructura de soporte, fue aplicada casi exclusivamente a la tecnología, lo que condujo a algunas manifestaciones de una monumentalidad bastante incómoda, que, a pesar de inspirar cierto respeto se convirtieron en objetos fosilizados incapaces de una evolución cultural. Esta situación vino a aclarar que una arquitectura de transición más suave sería una solución más fructuosa para los problemas engendrados por los arquitectos japoneses, y algunos norteamericanos, de los años sesenta.

La teoría de la cápsula fue un retoño del Metabolismo. En vez de intentar facilitar una estructura que soportase el proceso de cambio, ofreció a una sociedad de consumo *software* que podía ser enchufado a un sistema de soporte *hardware* a lo Habraken, y desenchufado y cambiado por productos más nuevos cuando los hubiera disponibles. Aparte de la analogía física, la teoría de la cápsula apuntaba también a facilitar alta tecnología para gustos locales y cultura a nivel doméstico. Esto fue un intento para introducir la mentalidad manufacturera del coche en el hogar doméstico, pero con el punto importante de que el *núcleo* debía estar arraigado en la localidad. El supuesto vínculo entre tecnología y cultura local había de ser conseguido a

través de este casamiento de conveniencia.

La Torre Cápsula Nakagin, de Tokio, tenía dormitorios individuales vinculados a un núcleo de servicios y era más un hotel que una estructura residencial. La Casa Cápsula, diseñada posteriormente, transfirió estas unidades al mundo de opciones domésticas. Dos cápsulas como dormitorios, una como cocina y otra para el salón del té. Estas estaban unidas al eje o torre, o núcleo soporte, por remaches de alta tensión. Esta torre contiene la zona de estar, con taller debajo y aparcamiento arriba, ya que el lugar tiene una pendiente muy pronunciada. Aunque se trataba tan sólo de una casa veraniega, parece ser que las intenciones del arquitecto en el sentido de que esto pudiera ser un producto de mercado con clientes que encargaran otra —o la última novedad en cápsula por teléfono— llevaban a la sociedad de consumo a sus límites absolutos. Ahora, incluso el contenedor de *gadgets* domésticos era susceptible de compraventa publicitada. El hecho de que esta ruptura final del dominio doméstico no consiguiera llegar al mercado de masas demuestra que una de las funciones esenciales del hogar consiste en satisfacer las necesidades espirituales de permanencia. La estabilidad visual del hogar todavía es uno de los factores principales en pos de un refugio seguro, no sólo con respecto al clima, sino también, tal vez, respecto a la propia sociedad de consumo. Kurokawa parece estar al corriente de esta faceta incluso en el diseño de esta casa, puesto que la dureza de su mensaje se ve suavizada por un toque de sensibilidad doméstica, los leves cambios de niveles de suelo, la decoración y el color, que aportan una lectura narrativa a una idea abstracta.

1. Vista de las cápsulas anexas al núcleo central.
2. Vista del acceso desde la cubierta.

1. View showing capsules attached to central core.
2. View showing access from the roof.

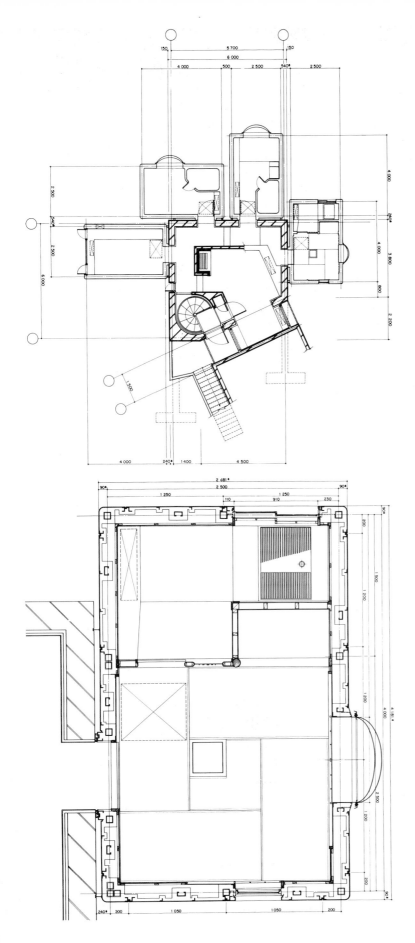

Capsule House "K", Minato, Tokyo, Japan, 1972
Architect: Kisho Kurokawa

The Capsule house is included in this book, not because it represents a physical advance in the transitional architecture of the seventies, but because it, along with the other Japanese Metabolism architecture of the sixties, states in a clear monumental way the crisis of technological ingenuity. After decades of cultural "Westernization", closely identified with modern industrial production, the Metabolists tried to open up technology into a more receptive, flexible technique capable of accommodating the growth and change needed by the individual.

Under the formal influence of the drawings by the London "Archigram" group, they designed and built interlocking megastructures that supported and framed public and private activities. They tried to universalize technology in order to accommodate local culture and the freedom of the individual. The extreme simplicity of this ideology, germinated to a certain extent by the critic Rayner Banham, led to starling innovations in built form that made the support structure more important than the specific function. Although this is not a new ideologue, for the Renaissance rules of composition were also a form of support structure, this was applied almost exclusively to technology which led to some rather uncomfortable monumental statements, which even if they were awe inspiring, became fossilized objects incapable of cultural evolution. This state of affairs made it much clearer that a softer transitional architecture would be a more fruitful solution to the problems engendered by the Japanese and some American architects of the sixties.

The capsule theory was an offshoot of Metabolism. Instead of attempting to provide a structure that would support the process of change, it offered software to the consumer society that could be plugged into a Habraken-like hardware support system, and unplugged and exchanged for newer products when they became available. Apart from the physical analogy, the capsule theory aimed also at providing high-technology for local tastes and culture at a domestic level. This was an attempt to bring the car manufacturing mentality into domestic housing, but with the important point that the *core* should be rooted to the locality. The supposed link between technology and local culture was to be achieved in this arranged marriage.

The Nakagin Capsule Tower in Tokyo had single bedrooms attached to a service core and was more of a hotel than a residential structure. The Capsule House, designed

afterwards, transfered these units to the world of domestic choice: two capsules for bedrooms, one for the kitchen, and another for the tea-room. These were attached to the shaft, or support core, with high-tension bolts. This shaft contains the living area, with workshop below and parking above, since the site has a very steep slope. Although this was just a summer house, it seems that the architects' intentions that this could be a market product with clients just ordering another, or the latest capsule by phone, seemed to bring the consumer society to its absolute limits. Now even the container of domestic gagets became susceptible to advertised exchange. The fact that this final breach of the domestic domain failed to reach the mass market proves that one of a home's essential functions is fulfilling the spiritual needs of permanence. The visual stability of the home still counts as one of the major factors towards a secure shelter —not only from the climate but perhaps also from the consumer society itself. Kurokawa seems to be aware of this even in the design of this house for the hardness of its message is softened with a touch of domestic sensibility. The slight changes of floor levels, decoration and color bring a narrative reading to an abstract idea.

3. Planta.
4. Cápsula. Sala de la ceremonia del té.
5. Núcleo sala de estar.
6. Sala de la ceremonia del té.

3. Plan.
4. Capsule. Tea ceremony room.
5. Living room core.
6. Tea ceremony room.

Casa Serras, Canovelles, Barcelona, España, 1980-1981

Arquitectos: Josep Martorell/Oriol Bohigas/David Mackay

Para Frank Lloyd Wright, la libertad hallada en la inmensidad de la Pradera condujo, por analogía, al plano abierto que dio forma a su creencia en la libertad personal, en el seno de la familia. Para Le Corbusier, las nuevas técnicas de construcción a base de columnas y losas liberaron a las paredes de sus restricciones estructurales. Entre ellos y otros surgió la idea del efecto liberador de un plano abierto y particiones libremente dispuestas que permitían al espacio fluir a través del interior de la casa, como la brisa primaveral que aventa las telarañas invernales de una sociedad atrapada por la ignorancia de sus verdaderas tradiciones. Los cambios estacionales son buenos, como los cambios ofrecidos por los gobiernos democráticos. Durante el diseño de la Casa Serras, resultó evidente que mientras se asimilaban estos cambios estacionales, no había que abandonar la tradicional estructura urbana de la vivienda distribuida a lo largo del espinazo de un acceso en forma de pasillo, que tenía sus atracciones. Y es que el pasillo se convierte en una calle, y las habitaciones en casas, cada una independiente de la otra, y abiertas a los usos cambiantes. Un plano abierto permite la superposición de usos, en tiempo y lugar, pero esto es restrictivo respecto a la libertad de aquellos que quieren vivir todos ellos en este espacio. En la Casa Serras, el problema básico

consistía en descubrir un equilibrio entre ambas cosas.

Pero una casa ya no se considera auténtica si sólo se la deja desplegarse a partir del espacio interior, como el desarrollo personal del *Emile,* de Rousseau; también ocupa su lugar dentro del estado social del que forma parte. En este caso, el exterior debe conformarse a cierta totalidad reconocida: la unicidad de sí misma. Estas dos fuerzas, el despliegue interior y la disciplina exterior, se encuentran a cada lado de la pared circundante, o marco, que ha de resolver y asimilar las diferencias. Cuando la fuerza interna predomina, somos conducidos a un edificio de partes agregadas, y cuando predomina la fuerza exterior somos llevados al aprisionamiento del plano.

A los conflictos entre el plano abierto y el cerrado, la evaluación de la tradición, y entre el desarrollo de ésta y la disciplina exterior de conveniencia (que no necesita ser conformista), hay que añadir las cualidades específicas del cliente y la capacidad del lugar. La resolución de estos problemas, dispersos pero relacionados, debe ser sometida a la disciplina autárquica de construcción y al vago conocimiento histórico del gusto que implica la cuestión del estilo.

Sin pretender reducir el estrés creado entre estos conflictos y disciplinas, que, si alguna vez fuese eliminado, quitaría vida a la arquitectura y eliminaría el placer de su habitabilidad, la Casa Serras hace una declaración incisiva sobre lo esencial de la arquitectura dentro del contexto de la reali-

dad y significado de una casa que nunca puede ser impersonal.

Ubicada en la vertiente meridional de unas viñas en terraza abandonadas, la casa consiste en dos alas a cada lado de un corredor axial desplazado una planta bajo la otra para adaptar el edificio a la pendiente en diagonal de la colina. La cubierta del ala más baja se convierte en la terraza de la otra. La entrada al eje desde el oeste inicia una procesión a través del interior que desciende antes de llegar a la mitad de la sala de estar, junto a la serie de estudios-dormitorio y que surge al exterior por el jardín terraza enmarcado que mira al Este. Este pasillo, que es el ordenador axial de la distribución de la casa queda definido más bien por movimiento que por paredes, de modo que su presencia sólo es sentida por reflexión, y no por imposición. Este eje es debilitado por un eco de un pasaje paralelo que soslaya la sala de estar y conduce directamente a los estudios-dormitorio de los niños desde el vestíbulo del garaje junto a la entrada, lo que incrementa la intimidad familiar.

Observando los cambios estacionales de la vida familiar que se acomodan entre la móvil fluidez del plano abierto y la intimidad de la puerta que puede cerrarse, «la casa celebra una modalidad de relación familiar que se basa en un vívido proceso de interacción más bien que en un *pattern* arquitectónico de ordenada sumisión», para citar el comentario de Norris Smith sobre, la Casa Cascada, de Frank Lloyd Wright. Las habitaciones más normales, con puertas, de las zonas de cocina y del dormitorio

de los padres quedan separadas para admitir el libre desarreglo de unas impredictibles modalidades de vida. Sólo la formalidad litúrgica de la distribución del comedor, instalado en estrecha compañia con una cocina ambiguamente abierta y rodeada, queda específicamente definida. Para contener, definir y expresar este plano abierto, liberador, se recurrió a una reproducción exacta del plano curvilíneo de Mies van der Rohe para un rascacielos de cristal (1921).

Puesto que el entorno natural de la casa tenía su mejor realce conservando las trazas originales del uso rural, las zonas «jardín» formales fueron incorporadas al cuerpo de la casa. La analogía con un buque flotando en el ambiente natural de unos campos abandonados fue la base del diálogo entre el carácter urbano de la casa y la naturaleza. Por esta razón, se buscó la formalidad de la composición del exterior como deliberado contraste con el crecimiento natural del campo, mitigado tan sólo por los cipreses semejantes a boyas lanzadas desde las cubiertas de la casa. La estructura de acero se remonta sobre las terrazas de ésta para enmarcar el espacio de las habitaciones exteriores y se yergue entre las velas de sombra que se extienden sobre las zonas críticas. Las paredes exteriores se desdoblan en dos fundas, la hoja exterior que absorbe la ubicación formal de aberturas que corresponde a la disciplinada composición del atuendo exterior, y la hoja interior que contiene las ventanas que responden a las exigencias funcionales de la distribución interna. Esta doble fachada permite una disposición divergente de aberturas y su tamaño, y al propio tiempo actúa como un regulador microclimático entre exterior e interior.

Ha sido un intento encaminado a reconciliar la armonía de las estaciones de la vida con la naturaleza a través del medio cultural de la arquitectura.

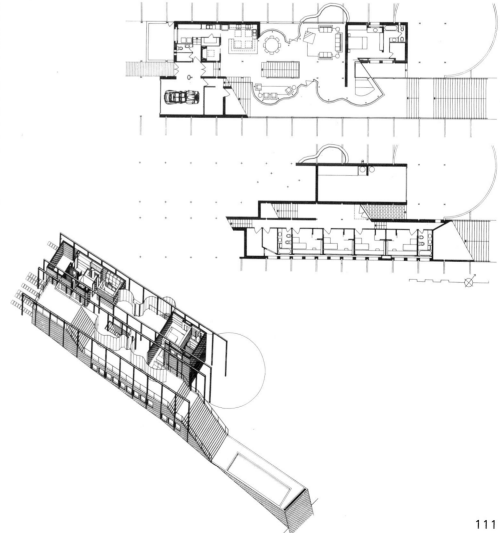

1. Vista general desde el sur.
2. Sala de estar.
3. Planta principal e inferior.
4. Axonométrica.

1. General view from the south.
2. Site plan.
3. Principal and lower floor plans.
4. Axonometric.

Serras House, Canovelles, Barcelona, Spain, 1980-1981
Architects: Josep Martorell/
Oriol Bohigas/David Mackay

For Frank Lloyd Wright, the freedom found in the immensity of the Prairie, led by analogy, to the open plan which gave form to his belief in personal freedom within the family. For Le Corbusier, new building techniques of columns and floors slabs freed the walls from their structural restraints. Between them and among others grew the idea of the liberating effect of an open plan and freely disposed partitions that allowed space to flow through the interior of the home, like a spring breeze blowing away the winter cobwebs of a society trapped by ignorance of its true traditions. Seasonal changes are good, like the changes offered by democratic governments. During the design of the Serras house, it became clear that while these seasonal changes were being assimulated, the traditional urban structure of the dwelling arranged along the backbone of a corridor access, that had its attractions, need not be abandoned. For the passage becomes a street, and the rooms houses, each one being independent of the other, and open to changing uses. An open plan allows the overlapping of one use upon another, in time and place, but this is restrictive to the freedom of all those who want to live in this space. In the Serras house, the basic problem was to discover a balance between the two.

But a house is no longer thought to be true if left to just unfold itself from the space within. Like the personal developement of Rousseau's Emile, it also takes its place within the social state of which it forms a part. In this case, the exterior must conform to a certain recognized whole —the oneness of itself. These two forces, the interior developement and the exterior discipline, meet on either side of the enclosing wall or frame, which has to resolve and assimilate the differences. When the inner force dominates, we are led to a building of aggregated parts, and when the outer force dominates we are led to the imprisonment of the plan.

To the conflicts between the open and closed plan, the evalution of tradition, and between the developement of this and the exterior discipline of fitness (which need not be conformist), must be added the specific qualities of the client and capablity of the site. The resolution of these disperse, but related problems must be submitted to the autarkic discipline of construction and the vague historical awareness of taste which involves the question of style.

Without pretending to reduce the stress set up between these conflicts and disciplines, which, if ever achieved, would suck the life out of architecture and the delight of its habitablity, the Serras house makes an incisive statement about the essentials of architecture within the context of the reality and meaning of a home which can never be impersonal.

Set upon the southern slope of abandoned terraced vineyards, the house consists of two wings on either side of an axial corridor displaced one floor below the other to adapt the building to the diagonal drop of the hill. The roof of the lower wing becomes the terrace of the other. The entrance on the axis from the West initiates a procession through the interior that drops down before the middle of the living room by the range of study-bedrooms and emerges out into the framed terrace garden to the east. This corridor, which is the axial ordinator of the distribution of the house, is defined more by movement than walls so that its presence is only felt by reflection rather than by imposition. This axis is weakened by an echo of a parallel passage that bypasses the living room leading directly to the children's study-bedrooms from the garage vestibule by the entrance, increasing privacy for the family.

Observing the seasonal changes of family life to be accomodated between the flow of the open plan and the intimacy of the door that can be closed, "the house celebrates a mode of familial relatedness that is based upon a lively process of interaction rather than upon an architectonic pattern of orderly submission", to quote Norris Smith on Frank Lloyd Wright's, "Falling Water" house. The orthogonal formal door rooms of the kitchen work areas and parents' bedroom are ripped apart to admit the loose disarray of unpredictable moods of living. Only the liturgical formality of the dining arrangements eased with a close companionship of an ambiguously open enclosed kitchen is specifically defined. To contain, define, and express this liberating open plan, recourse was made to an exact

reproduction of Mies van der Rohe's curvilinear plan for a glass skyscraper (1921). Since the natural setting of the house was best enhanced by conserving the original traces of rural use, the formal "garden" areas were incorporated within the body of the house. The analogy of a ship floating amongst the creeping wildness of abandoned fields was the basis of the dialogue between the urbanity of the home and nature. For this reason, the formality of the composition of the exterior was sought after as a deliberate contrast to the natural growth of the countryside, mitigated only by the cypress trees that are cast out like buoys from the decks of the house. The steel structure is taken up above the roof terraces to frame the outside rooms and hold aloft the shade sails that are stretched over the critical areas. The exterior walls are doubled into two sheaths, the outer leaf that absorbs the formal location of openings that corresspond to the disciplined composition of the outside dress, and the inner leaf that contains the windows that respond to the functional requirements of the interior distribution. This double façade allows a divergent disposition of openings and their size, and at the same time acts as a micro-climatic regulator between the outside and inside.
It has been an attempt to reconcile the harmony of the seasons of life with nature through the cultural medium of architecture.

5. El cerramiento de vidrio de la sala de estar desde el norte.
6. El acceso desde el oeste.
7. La escalera-terraza desde el este.
8. La terraza.
9. Detalle de la doble fachada.

5. The glass living room from the North.
6. The entrance from the West.
7. The stepped terrace from the East.
8. The terrace.
9. Detail of the double façade.

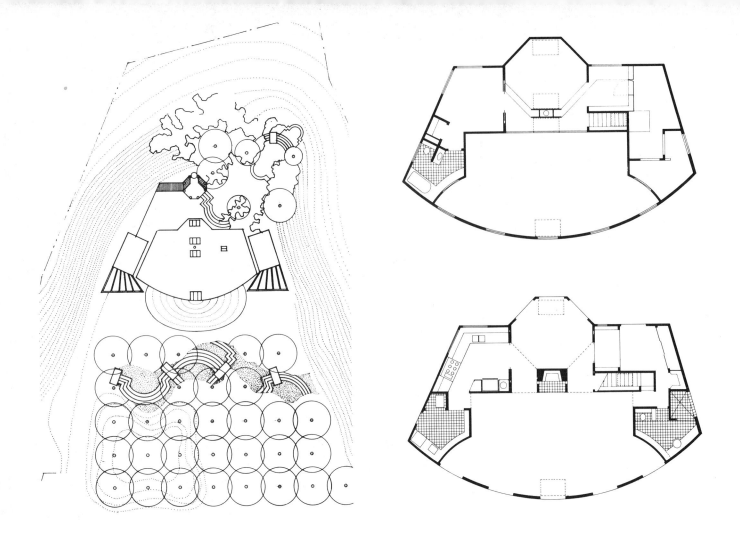

Casa Rodes, Brentwood, Los Angeles, California, Estados Unidos, 1976-1979
Arquitectos: Moore/Ruble/Yudell

Probablemente es el más prolífico diseñador de casas después de Frank Lloyd Wright. Con varios coautores, es difícil discernir la contribución real del propio Moore, y si algunas de sus obras son mejores que otras es cosa que puede o no estar relacionada con su dedicación personal a lo que el cliente espera del diseño. Aunque una obra está específicamente ilustrada, poco es lo que indica acerca de la amplitud de su diversidad, que responde al *leitmotiv* de su preocupación por la diversidad del habitante por encima del hábitat; un *collage* de dibujos y fotografías sería más apropiado. Los cobertizos que se apoyan en el núcleo de servicio de la Casa Tatum, en Santa Cruz Country, California, los «sentidos» del hogar extendido y compuesto para un ciego y su familia, cerca de Nueva York, la sala y la chimenea de la Casa Swan, y la simétrica Casa Rodes, son

muy individualistas, pero no tan intensamente exóticos como algunos de sus sueños y fantasías —por ejemplo su propia casa y otros lugares— que desbordan de la arquitectura como una decoración agresiva que invade el santuario de la propia habitación, sea esta interior o exterior.

Esta obra afluente ha sido calificada de «disidente» en relación con la corriente del Movimiento Moderno. Es esta disidencia la que debería ser contemplada con mayor detenimiento, para asegurar la existencia de algo positivo bajo la aparente frivolidad de su diseño. Una frivolidad que es fantasiosa a su manera infantil y caprichosa, pero que parece exhibir un frescor en su relación simple y directa con el lugar y con los recuerdos populares del aspecto que debería tener una casa. Es una estancia amoral, que se aproxima peligrosamente a la irrealidad, a pesar de que Moore trabaja bajo la bandera de la realidad. Es una respuesta a la casa soñada por toda persona; juega con estos ensueños y responde a ellos con una libertad que rara vez se encuentra con tanta abundancia en las casas

más estrictamente arquitectónicas, pero la pregunta que surge es la de si, cuando se congela este soñar despierto y se le enmarca en la estructura, no se destruye de hecho la imaginación del habitante. En arquitectura siempre han estado presentes la decoración y el humor fantasiosos, pero en todo momento dentro de una estructura conceptual, ya se trate de capiteles románicos, de gárgolas góticas o de jardines del siglo XVIII, para citar unos pocos ejemplos.

La Casa Rodes, erigida entre repliegues del terreno, en el extremo de un valle poco hondo, tiene una geometría más rigurosa que la mayoría de los cobertizos apiñados de Moore, debido a los problemas técnicos ocasionados al encontrar el lecho del valle formado por tierras disgregadas, lo que impidió sentar unos cimientos normales. Por tanto, la forma de planta fue diseñada para acomodar una serie de puentes-pasarelas a través del estrecho valle, pero aunque la solución final fue un puente losa con casetones, la composición original del plano se mantuvo. Sin

embargo, como siempre el *leitmotiv* procedió del cliente, un profesor de inglés, hombre soltero que, por una parte y como buen *gourment*, exigió un énfasis especial para el comedor, y por otra quiso un montaje para funciones de teatro al aire libre, representadas por grupos visitantes. Y todo ello de acuerdo con un presupuesto modesto. Las especiales exigencias del cliente se unieron a los problemas estructurales que significaba el producir un simple edificio simétrico alrededor de una chimenea central que atraviesa una claraboya y actúa como pivote entre el comedor octagonal y una sala de estar de planta arqueada. El resto de la acomodación queda reducido en tamaño (dormitorio y alcoba con una cama Thomas Jefferson, estudio y habitación de huéspedes en galería) a fin de reservar las principales dimensiones espaciales para el espectáculo teatral.

La fachada arqueada que se escinde en una terraza ovalada, con ventanas enmarcadas y puertas cristaleras, y una claraboya que corta el bajo perfil arqueado como si de una clave perdida se tratara, asegura el efecto formal y simétrico del escenario, tal como se deseaba. Lo que es discutible es la forma de un ábside poco profundo que, desde el lado exterior, es convexo y produce un telón «sociófugo» que no facilita un lugar para los actores. La frágil pérgola en las alas, ante el pavimento ovalado, constrarresta el efecto negativo del fondo de la fachada, pero la tensión es débil.

El problema de erigirse en defensor del pueblo en arquitectura es el de que, al tomar partido, en este caso en la energía de las aspiraciones populares, uno corre el peligro de prescindir de la estabilidad de la responsabilidad, cosa que a largo plazo perjudica tanto a la capacidad creativa como situar la cultura en un pedestal. La realidad, si deseamos mantenernos en ella, se formará a partir de una búsqueda a fondo en el conocimiento más profundo de función y forma, y su prestación reflejará las dudas causadas por el carácter incompleto de ese conocimiento, antes que proclamar desde unas posiciones establecidas, académicas o populares. El habitante de una casa siempre sueña y espera más de lo que pide, y es aquí donde el arquitecto puede responder con un hábitat algo más sugestivo.

1. Emplazamiento.
2. Planta superior.
3. Planta baja.
4. Fachada.

1. Site Plan.
2. Ground floor plan.
3. Upper floor plan.
4. Façade.

Rodes House, Brentwood, Los Angeles, California, U.S.A. 1976-1979.
Architects: Moore/Ruble/Yudell

Probably the most prolific house designer after Frank Lloyd Wright is Charles Moore. With various co-authors it is difficult to discern the actual contribution of Moore himself, and if some of his works are better than others, it may or may not be related to his personal dedication to the design expectations of the client. Although one work is specifically illustrated, it indicates little of the breadth of his diversity which responds to the leitmotif of his concern for the diversity of the inhabitant rather than the habitat. A collage of drawings and photographs would be more appropiate. The sheds that lean against the service core of the Tatum house, Santa Cruz Country, California, the "senses" of the stretched out composite home for a blind man and his family near New York, the hall and chimney stack of Swan house, and the symetrical Rodes house are highly individualistic but not as strangely exotic as some of his dream-like fancies, like his own house and other places, which spill over from architecture to an aggressive decoration which invades the sanctuary of a room of one's own, be it inside or outside.

This affluent work has been called "dissident" in relation to the mainstream Modern Movement. It is this dissidence that should be looked into more carefully, to ensure that there is something positive beneath the apparent frivolity of his design. A frivolity that is fanciful in a childish, whimsical way but which seems to show a freshness in its simple direct relationship to the place and popular memories of what a house should look like. It is an amoral stance which dangerously treads the path close to unreality, albeit that it is under the banner of reality that Moore works. It is an answer to the dream house of every person, it plays and responds to those daydreams with a freedom that is seldom encountered in such abundance in the more strictly architectonic houses, but the question that is raised is that when you freeze the daydream and embody it into the structure, do you not in fact destroy the imagination of the inhabitant? Fancy decoration and humour have always been present in architecture, but always within a conceptual framework, be it Romanesque capitals, Gothic gargoyles, or eighteenth century gardens.

The Rodes House set within the folds at the head of a shallow valley has a more rigorous geometry than most of Moores jumbled sheds due to the technical problems encountered upon finding the bed of the valley made of loose fill, making normal foundations impossible. The plan form was therefore designed to accomodate a series of trussed bridges that spanned across the narrow valley. Although the final solution was a caisson slab-and-beam bridge the original composition of the plan was maintained. Bit the *leitmotiv* as always came from the client, a bachelor professor of English who, on one hand, as a gourmet, required a special emphasis for the dining-room, and on the other required a setting for outdoor plays preformed by visiting theatre groups. All this on a modest buget. The special requirements of the client merged with the structural problems to produce a simple symetrical building centered around a chimney that pierces up through a skylight and acts as a pivot between the octagonal dining-room and bowed living-room. The rest of the accomodation is reduced in size (alcove bedroom with "Thomas Jefferson" bed, study and guest room in gallery) to allow the major spatial dimensions for entertaining.

The bowed façade slicing into an oval terrace, with bead-framed windows and french doors and a skylight that cuts into the low arched profile like a missing keystone, ensures the formal symetrical stage effect that was required. What is questionable is the form of a shallow apse, which from the outside is convex producing a socio-fugal screen that fails to contain a place for the actors. The flimsy pergulas on the wings placed off the oval pavement do counteract the negative effect of the façade background but the tension is weak. The problem of setting out to be ombudsman of the people in architecture is that by taking sides, in this case in the energy of populist aspirations, one is in danger of resigning from the stability of responsibility, which, in the long run is as damaging to creative ability as placing culture on a pedestal. Reality, if we must be honest will gather itself from inclusive search into the deeper knowledge of function and form and its performance reflecting more on the doubts caused by the incompleteness of that knowledge, rather than proclaiming from set academic or populist positions. The inhabitant of a home always dreams and expects far more than what he asks for and it is here that the architect can respond with a more suggestive habitat.

5. Perspectiva.
6. Interior.

5. Perspective.
6. Interior.

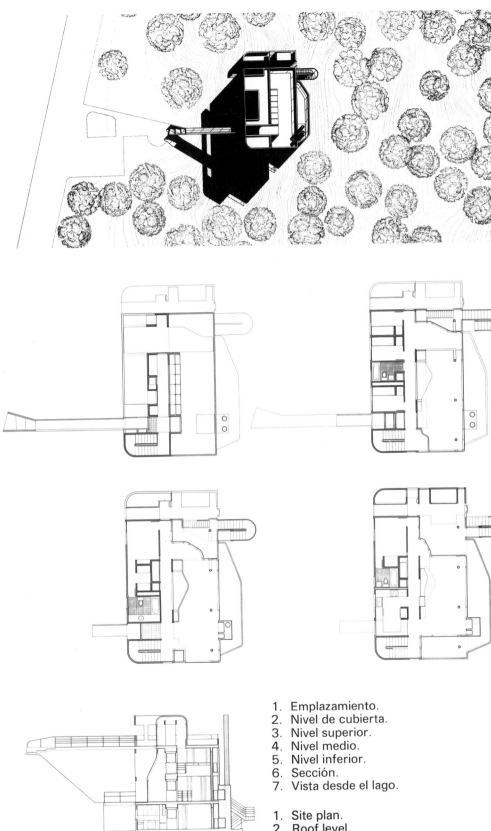

Casa Douglas, Harbour Springs, Michigan, Estados Unidos, 1971-1973
Arquitecto: Richard Meier

Del grupo original New York Five, Richard Meier se distingue como el más elegante y, puesto que es el que ha diseñado y construido más edificios, como el más versátil. Aparte de esto, otras comparaciones carecerían de sentido, ya que cada uno de los cinco ha aportado, como es lógico, su contribución personal a la causa de la arquitectura. La creencia de que la causa de la arquitectura como disciplina autónoma es el instrumento esencial para su supervivencia, si el arte y la ciencia de la arquitectura han de seguir desempeñando su papel en el escenario cultural de la civilización, fue lo que unió a los cinco (Eisenman, Graves, Gwathmey, Hejduk y Meier) a principios de la década de los setenta.

Lo primero que se nota es la «predisposición» en cuanto se refiere a evocar el estilo arquitectónico de los años treinta. En el preciso momento en que el Movimiento Moderno era descartado a causa de su corrupción comercial y su aparente incapacidad para acomodar significados históricos, los New York Five produjeron una especie de *revival* de lo «Internacional». Esto, en términos norteamericanos, es puramente estilístico y formal, limítrofe con lo escultórico. Pero también es, en los mismos términos, posible, porque en el auténtico tipo de edificio detrás de cada casa (diseñada por los cinco) radica la tradición americana de la casa rural con su ligera estructura de madera, sin la cual estas casas nunca habrían podido ser construidas. Hay pocas limitaciones estructurales y económicas en una construcción mixta de madera y acero, y un bote de pintura blanca. Los cinco pudieron concentrarse en el manejo y la investigación de la forma pura. Era como jugar con modelos de cartón en una escuela de arquitectura, algunos de los cuales fuesen fieles al programa y otros no.

Hubo a veces una pérdida total de la escala, y la facilidad con la que estas casas recortadas se prestan a las esculturas lineales es debida a este técnica. La forma responde más bien a unas funciones espirituales que a unas funciones físicas que den a los edificios un carácter voluntariamente amanerado. Pero tales eran las condiciones necesariamente duras para hacer una revolución en la arquitectura, y una vez oídas las consignas (y de nuevo en marcha el balanceo de acción y reacción), cada uno de los cinco emprendió su propio camino.

La Casa Douglas, encaramada en una pineda abrupta y aislada que domina el lago Michigan, parece, según palabras de los arquitectos, «haberse dejado caer en el lugar, un objeto mecanizado que hubiera

1. Emplazamiento.
2. Nivel de cubierta.
3. Nivel superior.
4. Nivel medio.
5. Nivel inferior.
6. Sección.
7. Vista desde el lago.

1. Site plan.
2. Roof level.
3. Upper level.
4. Middle level.
5. Lower level.
6. Section.
7. View from the lake.

118

aterrizado en un mundo natural. El dramá-
tico diálogo entre la blancura de la casa y
los primarios azules y verdes del agua, los
árboles y el cielo, no sólo permite a la casa
afirmar su presencia, sino también realzar, por contraste, la belleza de su entorno
natural». La relación del hombre con la
naturaleza a través de su hábitat queda
establecida por contraste mejor que por
asimilación. El humanismo se subraya.
Se entra en la casa por su nivel superior,
desde un puente que llega a la carretera, y
desde el pequeño vestíbulo una escalera
y un montacargas descienden a las tres
plantas inferiores. Visualmente, un ojo de
escalera baja también a través del centro
de la casa, uniendo no sólo la casa vertical,
sino también horizontalmente en cada
piso, con las zonas públicas y privadas que

se articulan a lo largo de una serie de
pasillos centrales, uno bajo el otro. Desde
el vestíbulo, la escalera conduce a los dormitorios de los niños, con un balcón que
da a la sala de estar, de doble altura, y
sigue descendiendo hasta dicha sala, con
el dormitorio principal detrás, y finalmente hasta el comedor y cocina y el dormitorio auxiliar. Al lado de la casa, en la
parte sur, una serie de terrazas y escaleras
exteriores ha permitido que el diseño haga
pleno «uso de la imagen metafórica de un
barco anclado en tierra», completo con
cubiertas de madera y escalas de acero. A
pesar de la metáfora, la preocupación de
Meier está «más allá de la teoría» (cosa
obvia para un arquitecto practicante),
«más allá de referencia histórica» (no tan
obvia si el presente es parte de la histo-

ria), meditando sobre «espacio, forma, luz
y cómo hacerlos. Mi objetivo —añade—
es la presencia, y no la ilusión, y lo persigo
con incesante vigor».
No cabe duda acerca de su rigor formal,
que tanta belleza consigue, pero el clima
del lago Michigan también es vigoroso y
no ha tardado en cobrarse lo suyo a expensas de ese diseño prismático, lo que ha
acelerado sin duda una ocupación solamente estacional. Sería absurdo negligir el
lugar que ocupa esta casa en la reciente
recuperación de la arquitectura «sólo porque la cubierta gotea», para citar a Frank
Lloyd Wright en un contexto similar. En
arquitectura, el cuidado respecto a la forma con espacio, contornos y luz, es igual-
mente importante si deseamos disfrutar
de nuestro entorno.

Douglas House, Harbour Springs, Michigan, U.S.A., 1971-1973
Architect: Richard Meier

Of the original New York Five, Richard Meier distinguishes himself as the most elegant, and since he has designed and built more buildings, the most versitile. Beyond this, other comparisions would be purposeless for each of the five have logically their own personal contribution to the cause of architecture. The belief that the cause of architecture as an autonomous discipline is the essential instrument for its survival, if the art and science of architecture is to continue to play its part in the cultural scene of civilization, that bound the five (Eisenman, Graves, Gwathmey, Hejduk, Meier) together at the begining of the seventies.

The first thing to note is the *willfullness* in evoking the architectural style of the thirties. Just when the Modern Movement was being discarded because of its commercial corruption and apparent inability to accomodate historical meanings, the New York Five produced a sort of "International" revival. This, in American terms, is purely stylistic and formal, bordering on the sculptural. But also, in American terms, possible, because the real building type behind each house (designed by the five) lies the American tradition of the light framed timber farm house, without which these houses could never have been built. There are few structural and economic limitations to a mixed construction of timber and steel and a can of white paint. They were free to concentrate on the play and investigation of pure form. It was like playing with cardboard models in a school of architecture, some taking account of the program and some not.

There was sometimes a complete loss of scale. The ease with which these cut-out houses lend themselves to lineal sculptures is due to this technique. Form responds more to spiritual functions than physical ones making the buildings *willfully* mannered. But these were the necessary harsh conditions to revolutionize architecture. Once the slogans were heard (and the swing of reaction and action ticking again) each of the five set off on their own. The Douglas house, perched on a steep isolated pinewood site overlooking Lake Michigan, appears, in the architects words, "to have been dropped into the site, a machine-crafted object that has landed in a natural world. The dramatic dialogue between the whiteness of the house and the primary blues and greens of the water, trees, and sky allows the house not only to assert its own presence but to enhance, by contrast, the beauty of its natural environment as well". Man's relationship with nature through his habitat is established

by contrast rather than by assimilation. Humanism is asserted.

The house is entered at the top level from a bridge leading from the road. From the small entrance lobby, a staircase and packet lift drop down to the three floors below. Visually, a light-well also drops through the middle of the house uniting not only the house vertically but also horizontally at each floor with the public and private areas that are articulated along a series of central passages, one below the other. From the vestibule, the staircase leads down to the children's bedrooms with a balcony bulging into the double-height living room, then down to the living room itself with the main bedroom behind, and finally to the dining room and kitchen and auxiliary bedroom. To the side of the house, on the south side, a series of terraces and external staircases has allowed the design to make full "use of the metaphoric image of a land-based ship", complete with timber decks and steel staircases. In spite of the metaphor, Meier's concern is "beyond theory" (obvious for a practicing architect), "beyond historical reference" (not so obvious if the present is part of history), meditating on "space, shape, light and how to make them. My goal" he adds, "is presence, not illusion, and I pursue it with an unrelenting vigor". There is no doubt about his formal rigor which achieves great beauty, but the weather of lake Michigan is also vigorous and has taken its toll all too quickly of this prismatic design, accelerated no doubt by seasonal occupation. It would be foolish to dismiss the place of this house in the recent recovery of architecture "just because the roof leaks", to quote Frank Lloyd Wright in a similiar context. In architecture, care about the form with space, shapes, and light, is just as important if we wish to enjoy our surroundings.

8. Fachada del acceso.
9. La sala de estar.
10. Vista superior del espacio central.
11. Vista inferior del espacio central.

8. Entrance façade.
9. The living room.
10. Looking up the center well.
11. Looking down the center well.

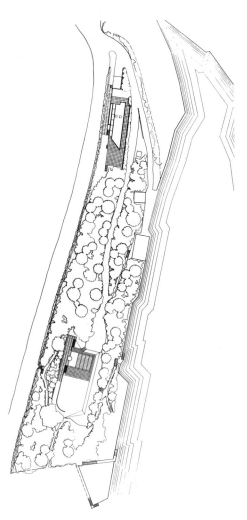

Casa Pillwood, Cornwall, Inglaterra, 1978

Arquitectos: John Miller/Alan Colquhoun

Al penetrar cada vez más la presión social de nuestra sociedad altamente industrializada en la intimidad de nuestras vidas, el control anónimo de las cuerdas de marioneta de la información bloquea nuestros sentidos y los convierte en tumbas de hormigón donde tan sólo sonidos y luces electrónicas transmiten las pulsaciones de un consumo de vida en constante incremento. Ser es moverse. Ignorar es morir. La supervivencia, como nos ha enseñado Darwin, se logra por aceptación de la realidad, pero harto a menudo la realidad se nos escapa. Llevamos con nosotros nuestra habitación en una maleta y nuestra mente con nuestra agenda. Para evitar la autoalienación, huimos de un lugar a otro, a la ciudad, al campo, a la historia, en pos de amigos y extraños, al sol, a la lluvia, a los sueños... sólo para descubrir que, como Alicia y la Reina de Corazones, únicamente hemos corrido para quedarnos en el mismo lugar.

La casa de fin de semana en el campo es, con excesiva frecuencia, una copia de la vida de los demás días de la semana transpuesta a unos entornos más espaciosos. Pero si nuestra vida está sumida en la realidad semanal, cotidiana, de la civilización, nos será más fácil medirla si podemos hundir las manos en la tierra y yacer desnudos en plena naturaleza, contemplando las nubes y las estrellas, y sintiendo la brisa de los poetas como Whitman, Lawrence, Joyce, Virginia Woolf y otros.

Al diseñar la Casa Pillwood, John Miller ha tenido en cuenta tales cosas. Dominando la alta tecnología como un medio, no como un fin, hay una tienda construida donde uno duerme bajo la lluvia sin mojarse. Evocadora de la naturaleza, en el seno de ella y parte de ella, pero sin perder las riendas de la disciplina arquitectónica, ha sido descubierta la auténtica función de una casa para vacaciones y fines de semana. La tradición funcional del Movimiento Moderno ha sido ensanchada en el proceso dialéctico entre el reconocimiento de demandas y la configuración conceptual formada por la experiencia histórica.

Naturalmente, las llamadas casas de fin de semana y vacaciones abundan, y por el hecho de ser diferentes de la vivienda usual, cumplen hasta cierto punto su cometido.

Sin embargo, la Casa Pillwood sólo puede ser una casa para fines de semana y épocas de vacación. Su planta compacta y superpuesta, tipo cabaña, abierta en dos niveles bajo una cubierta de cristal y en la que sólo el opaco panel de las paredes distingue las zonas privadas de las públicas, contiene una frágil flexibilidad excesiva para la seguridad de un hogar destinado a cada día y cada noche. La intimidad con la naturaleza en el claro entre los robles, pinos y redodendros, dominando el estuario del río Fal y sus mareas, es demasiado intensa para albergar una existencia hogareña.

El rigor intelectual del diseño, desde el concepto hasta el detalle, es completo. Y si se recuerda el Paxton de Pevsner, también se reconoce la tradición con el tejado inclinado, de vidrio incluso, frente al clima.

1. Emplazamiento.
2. Nivel superior.
3. Nivel inferior.
4. Axonométrica.
5. Alzado norte.
6. Fachada sur.
7. Interior.

1. Site plan.
2. Upper level.
3. Lower level.
4. Axonometric.
5. North elevation.
6. South façade.
7. Interior.

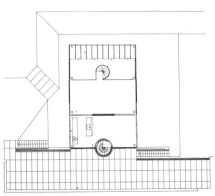

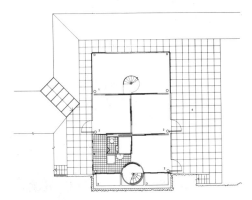

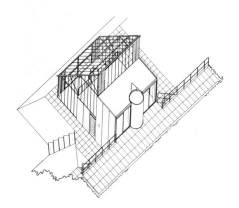

Pillwood House, Cornwall, England, 1978
Architects: John Miller/Alan Colquhoun

As the social pressure of our highly industrialized society penetrates more and more into the privacy of our lives, the anonymous control of the puppet strings of information blocks our senses into concrete tombs where only electronic sounds and lights transmit the throbs of an ever increasing consumation of life. To be is to move. To ignor is to die. Survival, as Darwin has taught us, is by acceptence of reality. But too often reality escapes us. We take our room with us in a suitcase and our mind with our agenda. To avoid alienation from ourselves, we flee from place to place, to the city, to the country, to history, to friends and strangers, to the sun, to the

rain, to dreams.... only to find that like Alice and the Red Queen, we have run only to remain in the same place.

The weekend house in the country is too often a replica of weekday life transposed into a more spacious surroundings. But if our life is plunged into the weekday reality of civilization, we are better able to measure it if we can dig our hands into the earth and lie naked with nature watching the clouds and the stars and feeling the breeze of the poets like Whitman, Lawrence, Joyce, Virginia Woolf and others.

John Miller, in designing Pillwood House, has realized this. Dominating high-technology as a means, not an end, there is a built tent where you sleep in the rain without getting wet. Evocative of nature, within it and part of it, but without loosening the reins of architectural discipline, the true

function of a holiday and weekend home has been discovered. The functional tradition of the Modern Movement has been widened in the dialectical process between the recognition of demands and the conceptual configuration formed through historical experience.

Naturally, so-called weekend and holiday houses abound. In as far as they are different from the usual abode, they serve their purpose to a certain extent.

But the Pillwood House can only be a weekend and holiday house. Its compact, cabinlike overlapping plan open on two levels under a glass roof with only the opaque panel walls indicating the private from the public areas, contains too much fragile flexibility for the security of an every day-night home. The intimacy with nature in the clearing between the oaks, pines and

rhododendra overlooking the tidal estary of the river Fal is too intense to shelter a home life.

The intellectual rigor of the design, from concept to detail, is complete. And if Pevsner's Paxton is recalled, so is tradition acknowledged with the pitched roof, albeit glass, for the weather.

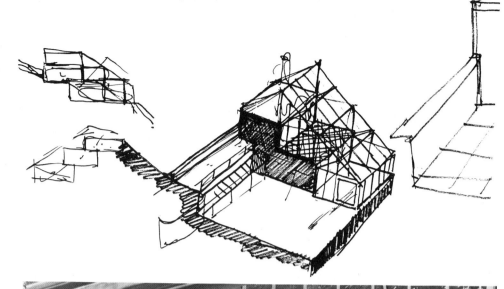

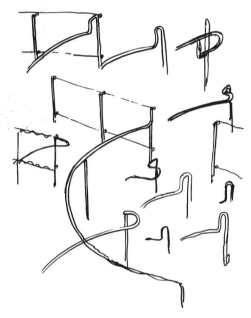

8. Fachada norte.
9. Boceto preliminar.
10. Estudios de la barandilla.
11. La barandilla.

8. North façade.
9. Preliminary sketch.
10. Studies for the hand rail detail.
11. The handrail.

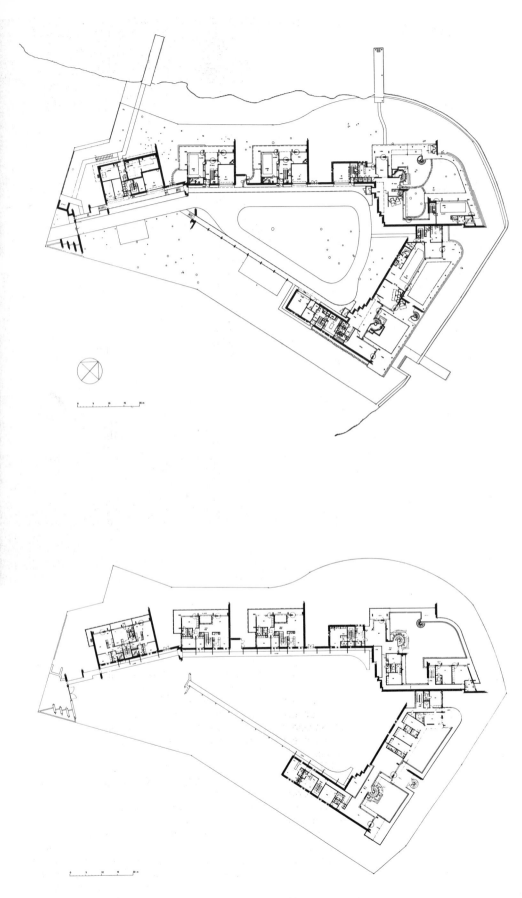

Grupo de viviendas, Kuusisaari, Helsinki, Finlandia, 1977
Arquitectos: Timo Penttila/Heikki Saarela/Kari Lind

Los campamentos colectivos de las primeras viviendas familiares, apiñadas en unos confines físicos, consistían en edificios diseñados para diferentes usos, generalmente para cocinar, lavar, comer y dormir, así como salas representativas, acomodo de huéspedes y zonas de servicio. La villa romana rural presidía un patio con la granja y las viviendas de los trabajadores distribuidas alrededor y a lo largo de la entrada procesional, en parte por prestigio y en parte como medida defensiva. La casa china con patio tiene la misma distribución y contiene los famosos y encantadores diseños de jardines miniatura. Todavía hoy, en muchas zonas rurales el hogar es una compleja unidad social de varios edificios, donde trabajo y vida familiar se mantienen como una sola actividad interrelacionada. Por lo tanto, la idea de una casa individual no corresponde necesariamente a la tradicionalmente llamada familia bigeneracional. Hay, desde luego, numerosas variantes que se salen del objeto de este libro, pero las Casas Kuusisaari han sido incluidas, no sólo por su arquitectura, sino también por su inesperada complejidad, que responde a las exigencias específicas del cliente y también a las condiciones climáticas y geográficas del lugar. Puesto que el concepto de lo que constituye la familia como unidad social ya no queda limitado a una sola definición, no es sorprendente que la arquitectura doméstica empiece a reflejar esta realidad en los años setenta. Las Casas Kuusisaari son, evidentemente, una situación sofisticada y tienen poco que ver con las comunidades establecidas generalmente, por personas más jóvenes, a través de las culturas occidentales. Sin embargo, esto no descalifica ni

1. Planta baja.
2. Planta superior.
3. El acceso.

1. Ground floor plan.
2. Upper floor plan.
3. The entrance.

su arquitectura ni sus implicaciones sociales.

Las Casas Kuusisaari consisten en cinco pabellones reunidos alrededor de un patio triangular, pero orientados en sentido contrario a él, hacia el lago. La pared que circunda el patio tiene una altura de dos pisos y es continua, con estribos que mantienen junto a ella un camino cubierto que conduce a lo largo de dicha pared a las entradas de cuatro de los pabellones. En el lado sur, otro paso cubierto soportado por pares de columnas descentrados forma una pantalla que lleva hasta el quinto pabellón, el mayor de todos, que probablemente será utilizado como residencia diplomática cuando es necesario celebrar recepciones a gran escala. La llegada al patio se efectúa a través de un corto atajo desde la puerta principal, pasando el primer pabellón, que contiene

servicios y equipos mecánicos con dos pequeños apartamentos encima, hasta una segunda entrada donde el camino gira y revela el patio en sí. La separación entre la intimidad de los pabellones y el patio es destacada por el alto muro revestido de piedra blanca que también separa un pabellón de otro. Estas paredes actúan como pantallas y han sido diseñadas para ser vistas como tales por su tratamiento de capas de pieles de piedra protuberante que parecen flotar sobre una base de color cobrizo. En contraste con esta funda vertical, el énfasis horizontal, parte de la herencia finlandesa, se obtiene mediante un cuidadoso diseño de los aleros con blanco hormigón curvado que contrasta con la cubierta de cobre pardo oscuro y el revestimiento de pino de Oregón.

En la planta baja, aparte de las entradas, hay las cocinas y los comedores, y tam-

bién las saunas, los cuartos de recreo y las piscinas, en tanto que en la primera planta hay las salas de estar y los dormitorios, por encima de la línea de nieve.

Puesto que el lago es una zona acuática pública, las fachadas abiertas de los pabellones están protegidas por caminos elevados que forman pérgolas que rodean y enmarcan patios tipo interior y una piscina.

El punto interesante marcado por este diseño de patio consiste en que el patio es público y la intimidad se consigue gracias a que los hábitats de los pabellones dan la espalda a éste, al contrario de la usual función sociópeta de un exterior cerrado. Esto presenta la ventaja de que impide forzar las relaciones sociales simplemente a través de la proximidad; la más amplia opción social del lago público es más natural y no sólo en un aspecto.

4. El patio de entrada.
5. La fachada del lago.

4. The entrance court.
5. The lake façade.

Hirviniemi House, Helsinki, Finland, 1977
Architects: Timo Penttila/Heikki Saarela/Kari Lind.

The collective encampments of the early family dwellings clustered within a physical boundry consisted of buildings designed for different uses: usually cooking, washing, eating and sleeping as well as representative rooms, guest accomodation and service areas. The Roman country villa presided over a courtyard with the farm and workers placed around and along the processional entry, partly for prestige, partly for defense. The Chinese courtyard house is extended in the same way containing the well-known charming designs of small gardens. Even today in many rural areas the home is a complex social unit of several buildings where work and family life remain a single interrelated activity. So the idea of an individual house does not necessarily correspond with a so-called traditional two-generation family. There are obviously many variants which go beyond the scope of this book. The Hirviniemi house has been included, not only for its architecture but also for its unexpected complexity which responds to the specific requirements of the client and also to the climatical and geographical conditions of the site. Since the concept of what constitutes the family as a social unit is no longer confined to a single definition, it is not surprising that domestic architecture should begin to reflect this reality in the seventies. The Hirviniemi House is obviously a sophisticated situation and has little to do with the communes being established generally by younger people throughout the Western cultures. But that does not disqualify either its architecture or its social implications.

The Hirviniemi house consists of five pavillions gathered around a triangular court but facing towards the lake. The enclosing wall of the court is two stories high and continuous, with butresses that gather to its side a covered walkway that leads along to the entrances of four of the pavillions. On the southern side a covered way, supported by pairs of off-center columns, forms a screen that leads to the fifth and largest pavillion which will probably be used as a diplomatic residence where frequent entertaining on a large scale is necessary. The approach to the court is through a short drive from the main gateway, past the first pavillion which contains service and mechanical equipment with two small flats above, to a second gateway where the drive bends and discloses the court itself. The separation between the privacy of the pavillons and the court is emphasized by the high white stone clad wall which also divides each pavillion from

the other. These walls act as screens and have been designed to be seen as such by their layered treatment of protruding stone skins that appear to float over a copper-colored base. In contrast to this vertical sheathing, the horizontal emphasis, part of the Finnish heritage, is regained by a careful design of the eaves with white curved concrete contrasted against the dark brown copper roof cladding and stained Oregon pine suffit.

On the ground floor, apart from the entrances, are the kitchens and dining rooms, and also the saunas, recreation rooms, and swimming-pools, while on the first floor above the snow-line, are the living rooms and bedrooms.

Since the lake is a public water area, the open fronts of the pavillions are protected by elevated walkways which form pergolas that enclose and frame interior like courts and a swimming-pool.

The interesting point made by this couryard design is that the court is public and privacy is obtained by the pavillion habitats turning their back to it, a reversal of the usual sociopetal function of an enclosed exterior. This has the advantage that it avoids forcing social relations simply through proximity. The wider social choice of the public lake is more natural in moer ways than one.

6,7. El patio de entrada en la embajada.
8. Escalera.

6, 7. The embassy entrance court.
8. Staircase.

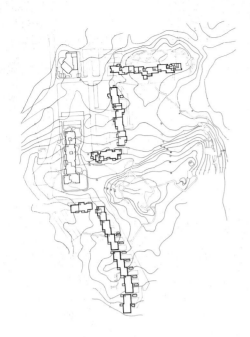

Casa Kukkatalo, Helsinki, Finlandia, 1978
Arquitectos: Reima y Raili Pietilä

Lo sensual y lo intelectual, en el auténtico significado de tales términos, una vez equilibrados son componentes naturales de la arquitectura sensitiva, pero cuando esa arquitectura presenta una forma errática que es más redonda y escultural que recta y matemática, ofrece un sentido apasionado del movimiento que es la calidad reconocida de la arquitectura barroca. Pero el barroco era, esencialmente, una respuesta católica a la pureza protestante y comprendía connotaciones de vasto poder espiritual. Estos términos no pueden ser aplicados al Movimiento Moderno, ya que esto equivaldría a una negación de sus raíces. Sin embargo, encontramos que esta exuberante irrupción en lo ortogonal, que para su énfasis se inspira más en el recinto humano y la respuesta a la naturaleza que en la tecnología del plástico, ha invadido ese territorio que normalmente era dominio del artista, pero esto ocurre en elementos menores y carece de significado. El movimiento romántico fue una de las causas indirectas del nacimiento del Movimiento Moderno, y aunque muchos lo nieguen, se ha convertido en una de las partes integrantes de la Arquitectura Moderna, uniendo sus ideales para el futuro con una búsqueda en los orígenes. Cabe extraer mucha inspiración de esta síntesis en la que los términos táctiles parecen estar agradablemente presentes.

Es mucho lo que debemos a los países del norte de Europa por su doble compromiso, con las ideas del Movimiento Moderno y con el origen esencial de su cultura. La Casa Invernadero, de Pietilä, contiene una riqueza de significado perfectamente pertinente con los remolinos del pensamiento arquitectónico en los años setenta. Nos muestra otra faz del humanismo arquitectónico y una comprensión más profunda del funcionalismo, y podemos compartir esta compresión a través de las observaciones de Roger Connah, que ha trabajado en estrecha asociación con Pietilä.

La Casa Invernadero en sí es una tienda de flores y plantas, con un pequeño apartamento en su interior, pero la ubicación del pabellón en lo alto de la pequeña colina en la entrada del Suvikumpu fue decisiva para su identidad con las viviendas ya existentes allí, construidas por los mismos arquitectos entre 1966 y 1969 (una se-

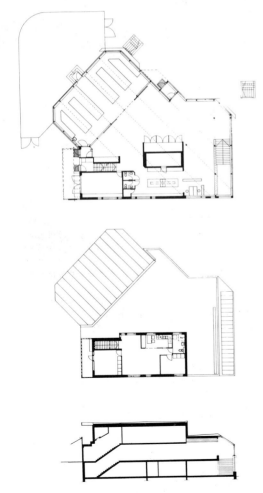

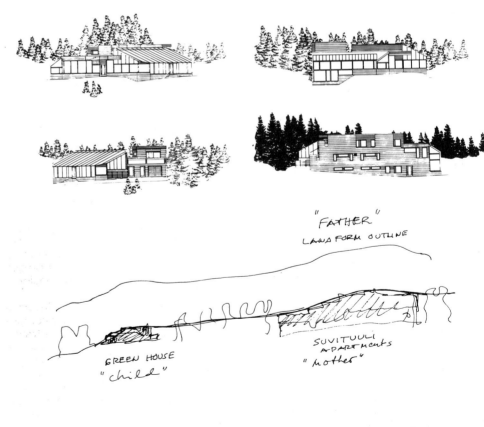

gunda fase, denominada Suvitunli, se encuentra actualmente en construcción). Los detalles fueron deliberadamente extraídos en un comentario sobre Suvikumpu. «Se trata, en resumen, de un estudio de matices, tanto a partir del tiempo como del Suvikumpu original... y siguiendo uno de sus determinantes morfológicos: el contorno. El lugar "contornea" virtualmente la relación existente entre la planta y la altura del edificio. El perfil del alzado sigue la forma del terreno horizontal y verticalmente, y por lo tanto la masa escultural del complejo es una copia mórfica del terreno natural (véase bosquejo).

»La composición de la fachada es a la vez un discurso respecto al vocabulario De Stijl... en forma de llamada o juego mnemónico, y también como implicación en el entonces turbulento debate sobre el funcionalismo finlandés de los años sesenta. Es arquitectura realzada y facilitada por la pintura... La ilusión geométrica de unas ventanas rítmicas contra la masa es creada como una "simulación" del ritmo natural de luz y oscuridad en el espacio boscoso.

»Un tercer discurso presente es el uso del color y aspecto de la imitación. El significado del hormigón visto como gesto difiere del tratamiento brutalista; el hormigón fue esculpido adrede con formas de encofrado diseñadas para producir un relieve estriado muy parecido al de las planchas de madera. El grano está impreso en el hormigón y la adición posterior de una pintura verde amplía todavía más la intencionada crítica cultural de Pietilä sobre el uso y el significado del hormigón. Es un recuerdo rural. El hormigón imita madera que imita hormigón. Entra en juego una lenta fosilización de intenciones que recuerda los listones de madera en el campo y la ciudad.

»Pietilä utiliza tres verdes naturales para incrementar los matices entre la forma construida y el espacio vecino al bosque; las tonalidades variantes de verde relacionadas con el abedul, el pino y el abeto rojo aportan las incesantes variaciones a lo que es una sutileza restrictiva del funcionalismo finlandés.

»La principal elevación de la Casa Invernadero hacia Suvikumpu asume una composición y una asociación similares a través de su uso del perfil de hormigón con los edificios y lugar existentes, mientras que las otras tres direcciones, que alojan las funciones hortícolas, quedan encerradas en cristal. El resto permanece como espacio disponible para las flores. Por lo tanto, el plano está orientado alrededor de la diagonal (generada por el invernadero, orientado hacia el Sudoeste en busca de sol); grandes vigas laminadas sostienen estructuralmente la cubierta, techo de tablas de madera blanda pintadas de negro, columnas metálicas a la vista, pintadas de verde. El resto es blanco o casi blanco.»

La arquitectura de la Casa Invernadero, con Suvikumpu, es un paso alentador que distancia del «tipo de modernismo de importación» (de la Bauhaus o del De Stijl), «hoy» reformado, remodelado local y culturalmente de acuerdo con su significado cultural y mitológico en Finlandia. Como dijo Pietilä en 1978: «Hay que aplicar una unidad cósmica, tal como la prefiere el adorador finlandés del árbol y del bosque.»

(Citas de un ensayo de Roger Connah.)

1. Emplazamiento
2. Plantas y sección.
3. Alzados.
4. Boceto.
5. Fachada oeste.

1. Site plan.
2. Plans and section.
3. Elevations.
4. Sketch.
5. West façade.

Kukkatalo House, Helsinki, Finland, 1978
Architects: Reima and Raili Pietilä

The sensual and intellect, in the true meaning of the terms, are, when balanced, natural components of sensitive architecture. But when that architecture displays an erratic form that is more round and sculptural than staight and mathematical, it gathers in a passionate sense of movement that is the recognized quality of baroque architecture. But the baroque was essentially a Catholic response to Protestant purity and incorporated connotations of sweeping spiritual power. These terms cannot be aplied to the Modern Movement since this would be a negation of its roots. But we do find that this exuberant break in the orthagonal, inspired more for its emphasis on human enclosure and response to nature than to technology of plastics, has invaded this territory normally left to the domain of the artist, but this is in minor elements and has no significance. The Romantic Movement was one of the indirect causes of the birth of the Modern Movement, and although denied by many, it has became one of the integral parts of modern architecture binding its ideals for the future with a search into the origins. Much inspiration can be drawn from this synthesis where the tactile terms seem to be delightfully present.

We owe a great deal to the Northen European countries for their dual committment, to de ideas of the Modern Movement and to the essential origin of their culture. The Pietila's Green house contains a richness of meaning that is highly pertinent to the eddying swirls of architectured thought in the seventies. They show us another face of architectural humanism and a deeper understanding of functionalism. We can share this understanding through the observant words of Roger Connah who has worked in close association with Pietila.

The Green House itself is a flower and plant shop with a small family flat within it. But the placing of the pavilion on the small brow of the hill at the immediate entrance to the Suvikumpu site was decisive for its identity with the existing housing scheme built by the same architects between 1966-1969. (A second phase named Suvi-

6. Esquina noreste.
7. Escalera desde el almacén del sótano.
8. Esquina noreste desde el interior.
9. Fachada este.

6. North-East corner.
7. Staircase up from the basement store.
8. North-East corner from within.
9. East façade.

tunli is now under construction.) Details were deliberately borrowed in a discourse with Suvikumpu. "Briefly it is a study of nuances: both from the time of the original Suvikumpu... and following one of his morphological determinants: contouring. The site virtually 'contours' the self-relationship of the plan and building height. The high-rise follows the landform horizontally and vertically: the sculptural mass of the complex is thus a morphic replica of the natural terrain (see sketch)."

"The composition of the façade is both a discourse to the De Stijl vocabulary... in the form of a recall or mnemonic play, and also an involvement in the then mainstream debate on Finnish Functionalism of the sixties. It is architecture stressed and eased by painting... The geometric illusion of rhythmic windows against mass is set up as a 'simulation' of the natural rhythm of light and dark within the forest space.

"A third discourse present is the use of color and aspect of imitation. The meaning of exposed concrete as a gesture differs from the Brutalist treatment; the concrete was purposefully sculptured by designed formwork to produce a grooved

relief much like slatted timber. The grain is imprinted into the concrete and the addition then of green colors futher extends Pietila's intended cultural criticism on the use and meaning of concrete. It is a rural memory. Concrete imitates wood imitating concrete. A slow fossilisation of intentions is brought into play recalling slatted timber in country and city.

"Pietila uses three natural greens to increase the nuances between the built form and the forest vicinity space: the varying tones of green relating to the birch, the pine, and the spruce provide the unceasing variations in what is a restricted subtlety of Finnish Functionalism.

"The main elevation of the Green House towards Suvikumpu assumes a similar composition and partnership through its use of the ribbed concrete profile with the existing buildings and site whilst in the other three directions, the buildings housing the horticultural functions are enclosed with glass. The rest is left as an arrangable space for the flowers themselves. Thus the plan is orientated around the diagonal (generated by the sun-seeking south west orientated hot-house): large

laminated beams structurally carry the roof, slatted softwood timber ceiling painted black, exposed green painted metal sectional columns. The rest is white or near white."

The architecture of the Green House, with Suvikumpu, is an encouraging step away from "the imported modernism type (from Bauhaus or De Stijl), 'now' reshaped, recontoured locally and culturally according to its cultural and mythological significance in Finland". As Pietila said in 1978: "A cosmic togetherness has to be applied as a Finn, worshipper of tree and forest, prefers it."

(Quotes from an essay by Roger Connah.)

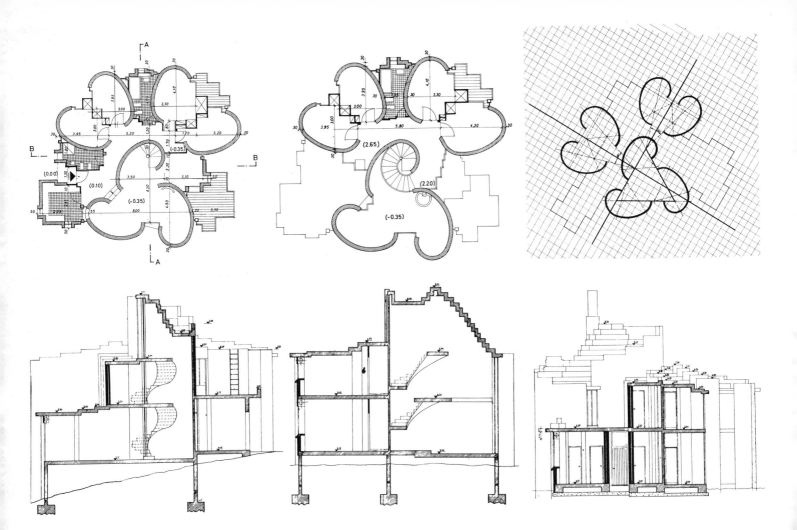

Casa Bevilacqua, Gaeta, Italia, 1964-1972
Arquitecto: Paolo Portoghesi

La creación personal y la investigación siempre son valiosas si contribuyen a nuestra comprensión de la arquitectura, aunque lo hagan a expensas de su continuidad y no conduzcan a ninguna parte. En otras palabras, aún en el caso de que produzcan el antimodelo, sus manifestaciones son tan sorprendentes que cuestionan los procesos usuales de la continuidad histórica. La forma de la Casa Bevilacqua sugiere un ejercicio en arquitectura barroca que

1. Planta baja.
2. Primera planta.
3. Composición geométrica.
4. Secciones.
5. Vista desde el sur.

1. Ground floor plan.
2. Upper floor plan.
3. Geometrical composition.
4. Sections.
5. View from the South.

explora los límites de un espacio inquieto que fluye alrededor de paredes curvilíneas erigidas junto a una estructura rectangular rota. El ejercicio, aparentemente abstracto, queda suavizado por un vigoroso sentido del lugar que infunde una disciplina orgánica a la organización básica de formas libres. Debido a la concentración de diseño en la envolvente hay una confusión en el sentido de la escala, pero esto es precisamente lo que el arquitecto investiga, concentrándose en el espacio y en un movimiento al azar que fluye por encima y alrededor, y a través y finalmente (si podemos utilizar el término en un evento infinito) se reúne en diversos claustros maternos.

El espacio dinámico, que no sólo provoca movimiento del ojo sino también la curiosidad del descubrimiento, nace de la colisión de dos o más sistemas generativos. La energía del diálogo de yuxtaposición provoca una tensión que, al unirse a la estimulación de la mente con el cuerpo, induce la noción de infinito que, según el estado de ánimo de quien la percibe, produce la sensación de calma ante la inmensidad, o de temor ante lo desconocido.

Evidentemente, sólo un antimodelo podría intentar semejante ejercicio psicológico en arquitectura con una vivienda, y más si es una casa para vacaciones.

En la búsqueda de la armonía, Forma y Número han desempeñado un papel fundamental en el campo de la investigación y reflexión en arquitectura. Un autor favorito de arquitectos, el biólogo D'Arcy Thompson, relacionó su estudio de las formas naturales con la busca de la armonía en alguna ley universal. El crecimiento en espiral de la concha del caracol, «donde las volutas aumentan incesantemente en anchura, y lo hacen según una relación continua e invariable», ha sido la base para el estudio matemático del crecimiento proporcional por adición gonomónica, quedando el resultado con la misma forma. El contorno de la Casa Bevilacqua se consigue mediante la correspondiente ubicación de las paredes en espiral equiangulares sometidas a mutación para sugerir un crecimiento que ha cesado o disminuido. Dos de ellas forman par para incluir dormitorios y el tercer grupo de tres, relacionado con un triángulo equilátero, contiene la zona de sala de estar y comedor,

de doble altura, y la escalera. En la planta superior hay los dormitorios de los huéspedes. La estructura ortogonal contrastante, que cierra los huecos entre los tres grupos de espirales, contiene las habitaciones de servicio y terrazas que se extienden sobre el jardín hasta llegar al borde del acantilado.

El dinamismo de crecimiento que es generado por el plano en espiral continúa a través de la casa mediante la escalera también en espiral, pero sobre todo gracias al techo y la cubierta escalonados, que se leen en ambos sentidos, interior y exterior, disminuyendo hacia arriba y hacia dentro en dirección a la columna de la chimenea que se alza como un faro en un impulso final hacia el cielo, sobre la inmensidad del mar que hay debajo. La blanca cubierta se extiende entre las grises mandíbulas de las espirales oponentes, ejecutando un dúo en una sola composición armónica. La tosca adición de la fachada ortogonal de ladrillo vuelve el mundo de ensueño de las espirales a la gravedad de la realidad con sus detalles amanerados y convencionales. El impacto debe ser intenso, y tal vez sea excesivo, pero no deja de reconocer que hay unos vecinos más convencionales en la puerta contigua.

Bevilacqua House, Gaeta, Italy
1964-1972
Architect: Paolo Portòghesi

Personal creation and investigation are always to be valued if they contribute to our understanding of architecture, even if they do so at the expense of their own continuity and lead nowhere. In other words, even if they produce the anti-model, their statements are so startling that they put into question the usual processes of historical continuity. The form of the Bevilacqua house suggests an exercice in baroque architecture exploring the limits of a restless space that flows in and around, curvilinear walls set against a broken rectangular frame. The apparently abstract exercise is tempered by a strong sense of place which infuses an organic discipline into the basic organization of free forms. Because of its highly intensive edge, there is a confusion in the sense of scale. But this is precisely what the architect is investigating, concentrating on space and a roving movement which flows over and around, squeezes between and finally (if we can use the term in a infinite event) gathers around in womb-like places.

Dynamic space, that which not only provokes movement of the eye but also the curiosity of discovery, is born of the collision of two or more generative systems. The energy of the dialogue of juxtaposition releases a tension that, when matched with the stimulation of mind with body, induces the notion of infinity, which, depending on the mood of the perceiver, produces the sensation of calmness before immensity, or fear before the unknown. Obviously, only an anti-model, could attempt such a psychological exercise in architecture with a home, abeit a holiday one.

In the search for harmony, Form and Number have played a fundamental part in the field for investigation and reflexion in architecture. A favorite author for architects, D'Arcy Thompson, a biologist, related his study of natural forms to the quest for harmony in some universal law. The spiral growth of a snail's shell "where the whorls continually increase in breadth, and do so in a steady and unchanging ratio", has been the basis for the mathematical study of proportional growth by gnomonic addition leaving the result with the same shape. The enclosure of the Bevilacqua house is achieved through the related placing of equiangular spiral walls that are mutated to suggest a spent or diminished growth. Two are paired off to enclose bedrooms and the third grouping of three related to an equalateral triangle, contains the double-height living and dining area and staircase. On the upper floor are the guest bedrooms. The contrasting orthogonal structure closing the gaps between the

three groups of spirals contain the service rooms and terraces that extend out over the garden to the cliff edge.

The dynamism of growth that is generated by the spiral plan is continued up through the house by the spiral staircase, but even more so by stepped ceiling and roof, which reads both ways, inside and out, diminishing upwards and inwards towards the chimney column that stands like a lighthouse in a final thrust to the heavens over the immensity of the sea below. The whitewashed roof spills down between the grey jaws of the opposing spirals playing a duet in a harmonic single composition. The rude addition of the brick orthogonal façade jerks the dream-world of the spirals back to the gravity of reality with its mannered and conventional detailing. The shock must be deliberate, and perhaps it is overplayed, but it does, incidently, acknowledge that more conventional neighbors exist next door.

6. Vista general desde el noroeste.
7. Vista desde el sudoeste.
8. La terraza de la cubierta.
9. Espacio intermedio.
10. Vista hacia arriba del techo.

6. General view from North West.
7. View from South West.
8. The roof terrace.
9. Space in between.
10. Ceiling.

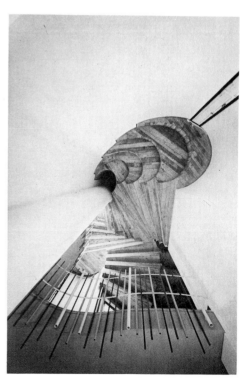

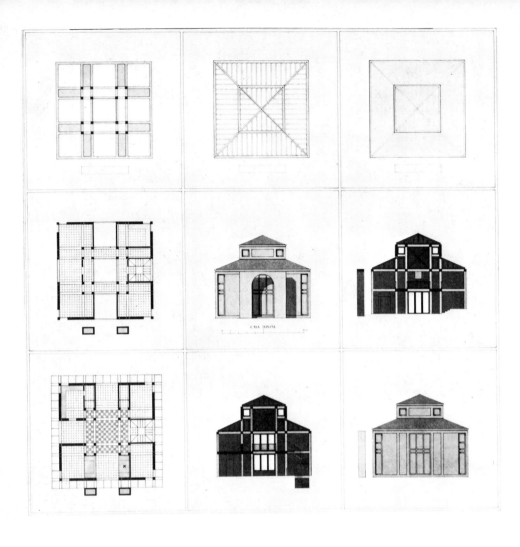

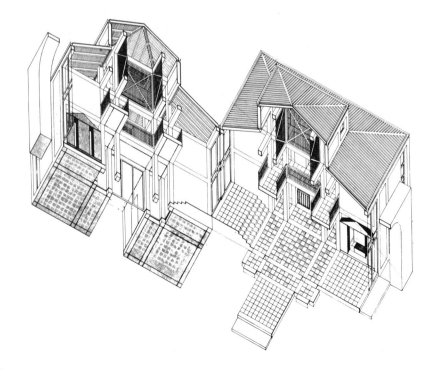

Andrea Palladio fue un arquitecto de segunda fila. Carente de la cultura de la élite, fue el pragmático autor autodidacta de *Quattro Libri,* un manual para constructores lleno de detalles fragmentados que, debido al carácter directo del estilo y al catálogo de útiles soluciones, se convirtió en el Neufert para todos a partir de 1570. Fue, por tanto, el autor de un *best seller.* Su influencia fue enorme y desproporcionada respecto a su obra arquitectónica real, con una ágil colección de bien acondicionadas casas de campo para familias rurales ostentosas, bien proporcionados edificios cívicos para ciudades provincianas, y una sorprendente colección de eclécticos edificios religiosos en Venecia. ¿Dónde radicaba su magia? Partía de lo absoluto y lo dogmático, evitando la brillantez mediante la perfección y prefiriendo la yuxtaposición de lo normal, mezclando la cultura adquirida con la tradición local. Su uso de las proporciones numéricas fue un medio fácil para conseguir su fin y un sistema popular para diseñar dando al mismo tiempo el matiz preciso que se requería para ser considerado «in» entre los progresistas. Los arquitectos de primera fila son Maestros aislados en su oficio. Los de segunda son maestros a través de su oficio. Después, vienen los demás. La facilidad de Palladio para entender la arquitectura agrada a todos, y si este autor fue copiado o citado erróneamente, la cosa nunca tuvo importancia, puesto que también él hacía lo mismo. Lo cierto es que elevó el nivel general de la arquitectura a una calidad que nunca ha sido superada. La Casa Tonini, por Reichlin y Reinhart, purifica a Palladio, y los arquitectos aseguran que, aunque su imagen admite un parentesco con la Rotonda, en realidad es una abstracción, el plano nacido de la idea inmanente detrás de las villas palladianas en general. Sin embargo, no hay duda de que un Palladio purificado es un Palladio muerto. ¿A qué conduce un ejercicio intelectual riguroso en una composición abstracta formal que trata de recrear un modelo histórico indentificable? Es parte del *revival* del lenguaje clásico de la arquitectura que brota de dos fuentes: un can-

1. Plantas, secciones, alzados.
2. Axonométrica.
3. Exterior.

1. Plans, sections, elevations.
2. Axonometric.
3. Exterior.

sancio frente a la libre Arquitectura Moderna en la que la forma se relaciona con la función según la tradición de la escuela gótica, y el deseo de recuperar un lenguaje popular que reconozca el significado subconsciente de diferentes situaciones. Estas bien podrían ser las de considerar el hogar como centro del universo, la puerta como un umbral entre lo público y lo íntimo (parece como si siempre tuviéramos que entrar por una puerta en vez de salir por ella) y la pared debe ser leída como una indumentaria a la vez como protección y para la parte pública de la ocasión. Todo esto constituye el perfectamente inofensivo utillaje de la arquitectura cotidiana, hasta el punto de que apenas le prestamos atención. Al elevar la imagen de sus valores icónicos, la noticia se convierte en contexto, como si la noticia del evento resultara más importante que el evento en sí. En cierto modo, ésta es la misión, o función, de la poesía, es decir, informar acerca de los puntos que ignoramos y elevar nuestros sentidos hasta un estado agudo de refinamiento. La Casa Tonini nos viene ofrecida bajo este espíritu, y no como un modelo. De ahí la tradición palladiana de una mala copia, sólo que esta vez del propio Palladio, que con un giro peculiar nos enseña, acerca de él, algo que tal vez no habíamos advertido: su impureza.

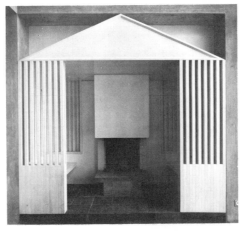

The Tonini house by Reichlin and Reinhart purifies Palladio, and the architects claim that although the image admits kinship with the Rotonda, it is really an abstraction, the plan born of the imminent idea behind Palladian villas in general. But surely a purified Paladio is a dead one. What is the point of a rigorous intellectual exercise in an abstract formal composition that tries to recreate a recognizable historial model? It is part of the revival of the classical language of architecture that springs from two fountains: a tiredness of the free modern architecture in which form is related to function in the gothic school tradition, and the desire to recover a popular language which recognizes the subconscious meaning of different situations. These might be like considering the home as the center of the universe, the doorway as a threshold between the public and the intimate (one always seems to go in through a door for its meaning rather that going out) and the wall is to be read as a clothing both for protection and for the public face of the occasion. All these are the perfectly harmless bric-a-brac of everyday architecture, so much so that we are hardly aware of them. By elevating the image of their iconic values, the notice becomes the context, as though the news of the event becomes more important than the event itself. In a way that is the mission, or function of poetry, to inform where we are ignorant and raise our senses to an acute state of refinement. The Tonini house is offered to us in this spirit and not as a model. It follows the Palladian tradition of a bad copy, only this time of Palladio himself, and with a peculiar twist teaches us something about him that perhaps we had not noticed —his impurity.

Tonini House, Torricella, Switzerland 1972-1974
Architects: Bruno Reichlin/Fabio Reinhart

Andrea Palladio was a second-rate architect. Lacking the culture of the elite, he was the pragmatic auto-didactic author of *Quattro Libri,* a builders manuel full of hack details that because of its directness of style and catalog of useful solutions, became everybody's Neufert from 1570 onwards. He was the author of a best seller. His influence was enormous and out of proportion to his actual architectural work: an agile collection of dressed-up farm houses for ostentatious country gentlefolk, scaled up civic buildings for provincial towns, and a surprising collection of eclectic religious buildings in Venice. Where lay his magic? He shied from the absolute and dogmatic, avoiding brilliance by perfection and preferring the juxtaposition of the normal, mixing borrowed culture with local tradition. His play of numeric proportions was an easy means to and end and a popular way of designing at the time, giving one just the edge that was needed to be considered "in" with the progressives. First-rate architects are isolated masters in their trade. Second-rate are teachers through their trade. Beyond this are the rest. Palladio's easy to understand architecture is pleasing to all, and if copied badly, or misquoted, it never did matter because he himself was doing the same. He raised the general standard of architecture to a quality that has never been seen again.

4. El crucero.
5. La chimenea.
6. La entrada formal.
7. Debajo del crucero.

4. The crossing.
5. The fireplace.
6. The formal entrance.
7. Below the crossing.

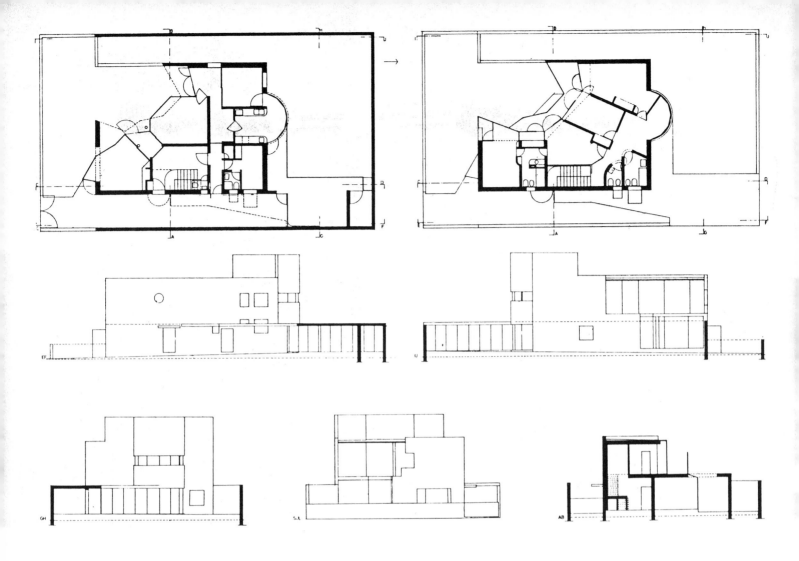

Casa Beires, Povoa, Portugal, 1975
Arquitecto: Alvaro Siza Vieira

«En una época en la que casi ninguno de mis proyectos se construía (un momento de costes disparados en la construcción), se me pidió que diseñara esta casa para un matrimonio, en un terreno pequeño y ano-

1. Planta baja.
2. Planta superior.
3. Alzados y sección.
4. Vista de conjunto.

1. Ground floor plan.
2. Upper floor plan.
3. Elevations and section.
4. The excavated angle.

dino cerca de la costa, al norte de Oporto. »La primera y desilusionada visita al lugar sugirió el bosquejo inicial basado en el repudio de los insípidos alrededores del lugar. De nada servía tratar de llegar a una hipótesis basada en los edificios existentes y un terreno como un parche más entre inútiles retazos de tierras sobrantes como consecuencia de las normas locales de construcción.
»El paralelepípedo que se alza conteniendo una serie de objetos se interrumpe en el lado sudeste. De esta ruptura surge una telaraña de vidrio y madera de la casa, un resultado del programa que me fue entregado por el cliente (dibujado en papel cuadriculado) sobre una imposible casa con patio.
»Los bosquejos me infunden esperanza. Misteriosamente, la casa fue construida y el cliente quedó satisfecho.»
De esta traducción, bastante libre, del comentario de Siza sobre la Casa Beires es difícil extraer algo más que tenga un cierto peso. Sus palabras nos dicen muchas cosas. En primer lugar, que incluso en tiem-

pos desfavorables el arquitecto, el artista continúa su profunda evolución creativa. Aunque haya una relación entre las circunstancias de las fuerzas políticas, sociales y económicas del tiempo y la arquitectura, hay un hilo más delgado que las ata más de lo que los críticos radicales están dispuestos a admitir. Algunas de las mejores creaciones artísticas han nacido en tiempos de opresión social o personal. La tenacidad de la actividad humana parece alzarse contra todo desafío. La Revolución Portuguesa de 1974 tuvo lugar mientras se construía esta casa; antes de la misma, la arquitectura sólo podía investigar en el campo de la dimensión estética, ya que el contexto social y económico era voluntariamente ignorado. Después, la posibilidad de participar en el más amplio entorno urbano se hizo realidad.
Paralelamente a la depresión económica, las cualidades negativas del terreno aportado por los clientes se sumaron a la tarea de aclarar las capacidades de lugar y programa. Es aquí donde entra en juego el segundo punto en los comentarios de Siza.

La intimidad del hogar necesitaba las paredes protectoras para resguardarse de la hostilidad estética a su alrededor. Su única esperanza de supervivencia era aislarse en sí misma en vez de integrarse, lo que es otra manera de acomodar un objeto autónomo a sus alrededores, no por imitación ni aceptando el entorno preexistente, sino entrando en una aguda tensión dialéctica entre su deseo de ser privada en sí y la manifestación pública de la ocasión. Esto conduce a una arquitectura totalmente transparente, no en el sentido literal, aunque se utilice el cristal, sino en el ético.

Aunque la arquitectura de Siza ostenta una vigorosa imagen identificable que está presente en todas sus obras, imponiéndoles un sello de autor que les confiere cierto aire autónomo, reconocen los requerimientos específicos del uso de los edificios y el lugar que éstos ocupan. Los clientes deseaban una casa con patio debido a la mediocre perspectiva alrededor, y viendo que esto era físicamente imposible Siza situó el patio ambiguamente, dentro y fuera del ángulo sudeste. La condición del

lugar obligaba a una solución a base de paralelepípedo, pero ésta fue quebrantada violentamente para acomodar el patio, y el resultado quedó como una ruina, con el interior expuesto en un revoloteante flujo de energía que brota hasta más allá de la jaula, como si nuestra casa-maleta se hubiera abierto al caerse, desparramando parte de las ropas y otros objetos sobre el pavimento.

Pero esta poética visión de la obra de Siza, que él mismo alienta, no debería impedirnos comprender claramente de qué trata su arquitectura. Es extremadamente funcional y todas las curvas y ángulos responden a una situación dada. Siza trabaja bien dentro del Movimiento Moderno, utilizando todos los elementos de su vocabulario y reuniéndolos, en parte empíricamente y en parte según un orden geométrico superior, a fin de obtener una fluida unidad de espacio en el interior y el recuerdo de volúmenes puros en el exterior. La abstracción de la arquitectura se mantiene a través de la respuesta a la realidad de sitio y uso, y es enriquecida por su transforma-

ción personal en un objeto único y coherente. Es una reconciliación entre las contradicciones de la inmensidad del propio interior y la inmensidad del mundo exterior al que esta entidad interior pertenece.

Beires House, Povoa, Portugal, 1975
Architect: Alonso Siza Vieira

"During a time when hardly any of my projects were being built (a moment of rocketing costs in construction) I was asked to design this house for a couple on a small characterless plot of land near the coast to the north of Porto.

"The first disillusioned visit to the area suggested the initial sketch based on the rejection of the tasteless surroundings of the site. There was no point in trying to reach an hypothesis based on the existing buildings and a hemmed in site with useless strips of left-over land due to the local building regulations.

"The rising parallelepiped containing a succession of objects is broken on the southeast side. From this rupture arises a cobweb of glass and wood of the house, a result of the program given to me by the client (drawn on squared paper) of an impossible courtyard house.

"The sketches gave me hope. Mysteriously, the house was built and the client was happy."

From this rather free translation of Siza's comment on the Beires house, it is difficult to add anything of consequence. His words tell us a lot. First, that even in unfavorable times, the architect, the artist, continues his, or her, soul-searching creative developement. Although there is a relationship between the circumstances of political, social and economic forces of the time and architecture, it is a thinner thread that ties them together than radical critics would admit. Some of the finest artistic creations are born in times of social or personal oppression. The tenacity of human endeavor seems to rise to the challenge. The Portuguese Revolution of 1974 occured during the building of this house. Before this, architecture could only investigate within the aesthetic dimension, for the social and economic context were nonexistent. Afterwards, the possibility of participating in the wider urban environment became reality.

Parallel to the economic depression, the negative qualities of the site bought by the clients, added to the burden of drawing out the capabilities of place and program. It is here that the second point in Siza's comments comes to life. The intimacy of the home needed the protective walls to guard against the aesthetic hostility around it. Its only hope of survival was to isolate itself rather than integrate another way of accommodating an autonomous object to its surroundings, not by imitation nor by accepting the preexistent environment, but by entering into a sharp dialectial tension between its desire to be private within itself and the public statement of the occassion. This leads to a totally transparent

5. Fachada de la calle.
6. Sala de estar.
7. Articulación entre la cocina y el espacio de servicio.
8. Vista en dirección a la cocina.

5. Street façade.
6. Living room.
7. Articulation between the kitchen and service space.
8. View towards the kitchen.

architecture, not literally, although glass is used, but ethically.

Although Siza's architecture bears a strong recognizable image that runs through all his works, making them children of authorship that gives them a certain autonomous air, they are understanding to the specific requirements of the buildings use and place. The clients wanted a courtyard house for the reasons of the bleak prospect around. Seeing that this was physically impossible, Siza placed the courtyard ambiguously within and without the southeast corner. The stringent site condition forced a parallelepiped solution, but this was ruptured savagely to accomodate the courtyard, and left like a ruin, the inside exposed in a flittering flow of energy that bounds out beyond the cage as though our suitcase home had fallen open and spilled some of the clothes and belongings out onto the pavement.

But this poetic vision of Siza's work, which he himself encourages, should not deflect us from understanding clearly what his architecture is about. It is extremely functional. All the curves and angles respond to a given situation. He works well within the Modern Movement using all the elements of its vocabulary reassembling them, partly empirically, partly to a superior geometrical order, to obtain a fluid unity of space within and the memory of pure volumes without. The abstraction of architecture is maintained through the response to the reality of site and use, and enriched by its personal transformation into a unique, coherent object. It is a reconciliation between the contradictions of the immensity of the interior self and the immensity of the exterior world where that self belongs.

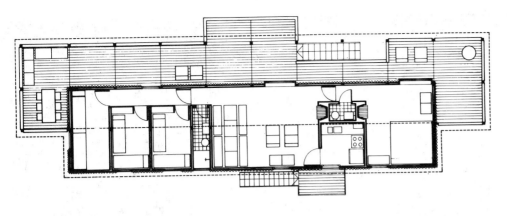

blicas y privadas. La saludable rebelión (aunque culturalizada) italiana contra Utopía y el Mito de Hollywood de la vida ideal después de la segunda guerra mundial, hoy conocida como neorrealismo, ya no es un movimiento marginal de protesta, sino que forma parte del vocabulario maduro del Movimiento Moderno.

La Casa Tigre, de Solsona, es una contundente manifestación de forma clara; dos cobertizos bajo una cubierta, uno cerrado y pintado de verde, el otro abierto y pintado de blanco, que se unen el uno al otro en una síntesis de exterior-interior. Hay todos los elementos de la arquitectura junto al río, tipo camarote con dos capas de galerías entre las habitaciones y el agua, dormitorio de los padres en un extremo y los de los niños y los huéspedes en el otro, con una sala donde reunirse entre unos y otros. La casa se alza sobre pilares, como las casas coloniales francesas a lo largo del Mississippi, y la parte inferior queda vallada por paneles enrejados de madera que, a lo largo de toda la veranda, llegan a altura de balcones. Esta descripción tal vez pueda corresponder a toda casa flotante anclada en cualquier río, pero, como dijo Le Corbusier en cierta ocasión, la diferencia entre edificio y arquitectura es a menudo cuestión de unos centímetros. La elegancia que convierte este sencillísimo edificio de cubierta de cinc, destinado a fines de semana, en arquitectura, es indudablemente una cuestión de proporciones, lo cual no deja de ser otra manera de referirse a los centímetros. El cuidado aplicado a las articulaciones, evitando aquéllas para los que estos simples materiales no resultarían adecuados, elimina las tensiones de conflicto y contradicción que más de un arquitecto provoca por razones creativas e intelectuales. El silencio de la ausencia es el secreto de la simplicidad, es reposante.

Casa Tigre, Buenos Aires, Argentina, 1975

Arquitecto: Justo Solsona
Colaboradores: Manteola, Sánchez Gómez, Santos, Solsona, Viñaly

Una de las tendencias más significativas de la arquitectura de transición de los años setenta es la búsqueda de la simplicidad y un retorno a los materiales y técnicas humildes de la construcción. Forma parte de la aversión general a los aditivos artificiales en los alimentos y a un mundo de alta tecnología con la limitada imaginación de un ordenador que empieza a ser una afrenta a la capacidad natural de supervivencia del hombre. El retorno al cobertizo de jardín, a la cubierta de dos aguas, y la aceptación de objetos de construcción ordinaria proviene de la normalidad social del Londres de los Smithson y de la normalidad cultural de la *High Street America* de Venturi. La «forma y cultura de casa», de Amos Rapoport, a finales de los años sesenta, llevó sus estudios antropológicos sobre los tipos de edificación primitivos y vernáculos con su respuesta al clima, los materiales disponibles y las costumbres sociales, a la atención de la sociedad occidental opulenta. Aldo van Eyck fue personalmente al Africa del Norte para aprender, en un contexto diferente, los significados fundamentales de la imagen en la arquitectura y su relación con el comportamiento humano. Estas eran cuestiones que habían sido sofocadas por la anarquía económica de la industria de la construcción y las sociedades de financiación pú-

1. Planta.
2. Vista lateral.
3. Vista de la casa desde el río. Pintada de blanco.
4. Vista desde el jardín. Pintada de verde.

1. Plan.
2. Side view.
3. View of the house from the river. Painted white.
4. View from the garden. Painted green.

Tigre House, Buenos Aires, Argentina, 1975

Architect: Justo Solsona
Colaborators: Manteola, Sánchez, Gómez, Santos, Solsona, Viñaly

One of the most significant trends of the transitional architecture of the seventies is the search for simplicity and a return to humble building materials and techniques. It is part of the general aversion against artificial additives to foods and a hightech world with the limited imagination of a computor that begins to be an affront to the natural capacity of man for survival. The return to the garden shed, the pitched roof, and the acceptence of ordinary building objects, springs from the social ordinariness of the Smithson's London and the cultural ordinariness of the Venturi's "High Street America". Amos Rapoport's "house form and culture" at the end of the sixties, brought his anthropological studies on the primitive and vernacular building types with their response to climate, available materials, and social customs to the notice of the affluent Western society. Aldo van Eyck went personally to North Africa to learn, in a different context, the fundamental meanings of image in architecture and their relationship to human behavior. These were questions that had been suffocated by the economic anarchy of the building industry and public and private finance corporations. The healthy Italian revolt (although culturalized) against Utopia and the Hollywood Myth of the ideal life after World War II, now known as neo-realism, is now no longer an edge protest movement, but part and parcel of the mature vocabulary of the Modern Movement.

The Tigre House by Solsona, is a sharp statement of clear form, two sheds under one roof, one closed and painted green; the other open and painted white, that cling to each other in a synthesis of in and out. There are all the elements of riverside architecture, cabin-like with two layers of galleries between the rooms and the river, parents' bedroom at one end and children and guests at the other with a lounge to meet in between. The house is raised on stilts, like the French colonial houses along the Mississippi, and the undercarriage fenced off with wooden trellis screens that are brought up to balcony height all along the varanda. This description could perhaps describe any boat-house shed along any river, but as Le Corbusier once said, the difference between building and architecture is often a question of centimeters. The elegance which turns this very simple zinc-covered building for weekend living into architecture is undoubtedly a question of proportions, which is just another way of referring to centimeters. The care with the joints, avoiding those which these

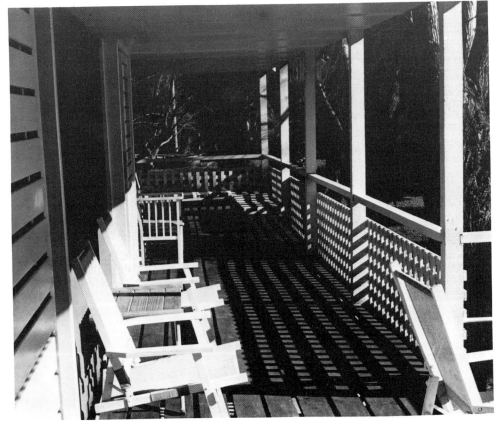

simple materials are unable to handle, removes the tensions of conflict and contradiction which many an architect provokes for creative and intellectual reasons. The silence of absence is the secret of simplicity, it is restful.

Una de las características sobresalientes de la arquitectura de los años setenta ha sido el más amplio vocabulario que ha sido reincorporado en el repertorio del Movimiento Moderno, utilizado unas veces con ligereza y otras profundamente, con gran solemnidad. Este vocabulario más amplio va destinado principalmente al grupo esotérico «in» de críticos entendidos, pero ha tenido el agradable efecto secundario, es de suponer que estimado por los propietarios, de introducir con frecuencia un cierto pintoresquismo en la obra. Esto ha llevado a la Arquitectura Moderna al borde de un eclecticismo de álbum de recortes que podría actuar brillantemente resolviendo una serie de problemas itinerantes, casi episódicamente, dejando la tarea de la corriente principal a otros. Cuanto más audaz el intento de ampliar el vocabulario histórico y simbólico de la arquitectura, más alto es el riesgo. Pero éste es el precio de los riesgos de la arquitectura de transición, al experimentar aquí y allá, sin el cual ninguna evolución sería posible. Ahora bien, los riesgos que nos preocupan se producen cuando las referencias a los modelos históricos adquieren una conciencia propia. Esto es todavía más difícil para un arquitecto como Stern, cuyo interés por la arquitectura ha sido siempre didáctico, utilizando no sólo ensayos y conferencias en su crítica histórica, sino también su arquitectura, porque, tal como él confiesa, su «actitud» respecto a la forma, basada en un amor a la historia y un conocimiento de la misma, no se ocupa de una réplica exacta. Aun así, conocedor de los peligros, juega con fuego.

La casa Ehrman es difícil de captar, ya que precisamente cuando uno cree llegar a comprender una idea suscitada por el recuerdo, ésta se desvanece. Comienza una fachada y seguidamente otra ocupa su lugar y después otra, hasta que comprendemos que nos enfrentamos a una serie de pantallas una detrás de otra, pero entonces se curvan y se envuelven entre sí, de modo que lo sólido abarca el exterior y el vacío el interior. Dentro, la espina dorsal del pasillo comienza en la mitad de la parte posterior de la cocina, adentrándose en la sala de estar y el porche soleado. El eje desviado, un truco de Lutyens, amplía el espacio y alienta el movimiento a través del mismo, de modo que nos sentimos inclinados a imaginar la realidad de lo que no está allí. Esto y el plano laberíntico, con el juego de alturas de habitación y luz, se combina para infundir un matiz romántico a la vivienda. Un romanticismo del pasado, no de la Naturaleza, que, al igual que

ENTRY

A HOUSE WITHIN A HOUSE

■ACTIVE □PASSIVE ▨SERVICE

CEILING HEIGHTS: ■LOW ▤MED. □HIGH   SPACES LIT FROM ABOVE

SPACES PERCEIVED AS SOLID

SEMIENCLOSED ZONES

INSIDE/OUTSIDE

CURVE AGAINST STRAIGHT

su predecesor, se inclina hacia la preferencia visual de lo inesperado, lo accidental, y
así se vuelve pintoresco a su manera. Esto
siempre ha estado latente en el estilo de la
arquitectura moderna, por más que lo nieguen los autores, y Stern lo ha expuesto
en beneficio de todos.

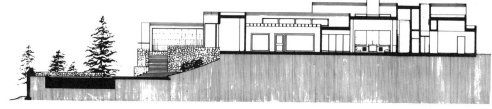

1. Planta.
2. Análisis de la planta.
3. Fachada sur.
4. Secciones.
5. Alzado sur.

1. Plan.
2. Plan analysis.
3. South façade.
4. Sections.
5. South elevation.

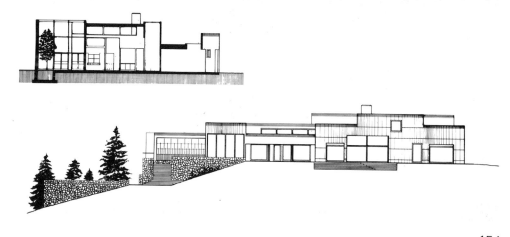

out which no developement would be possible. Now the risks, about which we are concerned, occur when the formal references to historical models become self-conscious. This is even more difficult for an architect like Stern whose concern for architecture has always been didactic, using not only essays and lectures in his historical criticism, but also his architecture. Because, as he confesses his "attitude toward form, based on a love and knowledge of history, is not concerned with accurate replication". Even so, aware of the dangers, he plays with fire.

The Ehrman house is difficult to grasp: just as one feels that one is coming to an understanding of an idea stirred by memory, it fades. A façade begins, then another takes its place, then another until we realize that we face a series of screens one behind another, but then they curve and sweep into each other. The solid encloses the outside and the void the inside. Inside, the spine of the corridor begins in the middle at the back of the kitchen, wandering off into the living-room and sun porch. Deflected axis, a trick of Lutyens, enlarges the space and encourages movement through it, so that one is led to imagine the completion of what is not there. This and the labyrinthine plan, with the play of room heights and light, combines to give a romantic manner to the dwelling. A romanticism of the past, not of nature, which like its predecessor, bends to the visual preference of the unexpected, accidental, and so becomes in its own way picturesque. This has always been latent in the style of modern architecture, however, much the authors may deny it, and Stern has exposed this to the benifit of all.

Ehrman House, Armon K, New York, U.S.A., 1976.
Architects: Robert Stern/John Hagmann

One of the outstanding characteristics of the architecture of the seventies has been the broader vocabulary that has been re-incorporated into the repertoire of the Modern Movement, used, sometimes lightly, and sometimes profoundly with great solemnity. This broader vocabulary is meant primarily for the esoteric in-group of knowledgable critics, but has the agreeable secondary effect, presumedly liked by the owners, of introducing more often than not, a certain picturesqueness into the work. This has brought modern architecture to the brink of scrapbook eclecticism that could wander off brilliantly solving a series of itinerent problems, almost episodically, leaving the task of the mainstream to others. The braver the attempt to widen the historical and symbolic vocabulary of architecture, the higher the risk. But this is the price of the risks of transitional architecture, experimenting here and there, with-

6. Ventana curvada frente a la mampara, junto a la terraza de la piscina.
7. Vista desde el sudoeste. La piscina y la terraza en primer plano.
8. Sala de estar, mirando hacia el patio y el jardín al sur.

6. Curved window facing screen near the swimming pool terrace.
7. View from South West. Swimming pool terrace in foreground.
8. Living room looking towards court and garden to the South.

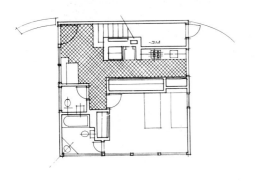

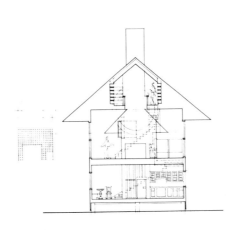

Casa Carl Tucker III, Katonah, Nueva York, Estados Unidos, 1974-1975
Arquitectos: Venturi/Rauch

Lo que distingue la arquitectura de Venturi y Rauch del resto de la arquitectura norteamericana es su libertad. Sus edificios tienen un aspecto relajado, y paradójicamente parecen darse poéticamente, respondiendo a la ocasión más bien que a cualquier teoría predeterminada. Paradójicamente porque su obra teórica es probable que haya sido más influyente en el gusto de los años setenta que cualquier otra; contiene una mezcla de inocente descubrimiento histórico y de admiración por el *high street pop*: la sofisticación de lo ordinario. Introdujeron un nuevo realismo del nuevo mundo en el campo de la arquitectura, haciendo que ésta se sintiera a sus anchas por vez primera desde Frank Lloyd Wright en Estados Unidos, pero lo hicieron con una profunda y sensible visión de la historia europea, hasta el punto de que incluso lograron que los europeos invirtieran su visión sobre su propia historia, escindiendo a los académicos y situando de nuevo la historia en la calle.

«Querido amigo:

Veo mi casa como una imagen de mí mismo. Desde el exterior, sencilla, sin ostentación, no vale la pena que el transeúnte que pasa apresurado haga una pausa para investigar. Y sin embargo, no del todo ordinaria, pues si se mira atentamente a los ojos de la casa, cabe ver una originalidad latente (y con ella los necesarios concomitantes del siglo XX: ironía, angustia, ingenio, nostalgia de una certidumbre monumental y la conciencia de que la certidumbre es, y siempre lo ha sido, propia de castillos en el aire, una gran ilusión). El

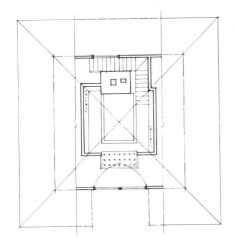

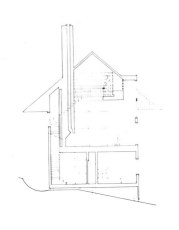

1. Planta baja.
2. Planta de la sala de estar.
3. Galería.
4. Sección mirando hacia la chimenea.
5. Sección mirando a través de la chimenea.
6. Fachada principal.
7. Fachada del acceso.
8. Fachada posterior.
9. Vista general.

1. Ground floor plan.
2. Living room plan.
3. Gallery.
4. Section looking towards fireplace.
5. Section looking across fireplace.
6. Main façade.
7. Entrance façade.
8. Back façade.
9. General view.

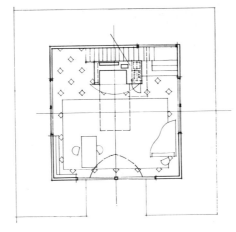

paso a la casa no es fácil, pues la casa es tímida y, aunque ansía visitantes, los obliga a emprender camino a lo largo de un sendero ascendente y boscoso, en cada una de sus curvas puede acechar una sorpresa y al final, casi por accidente, se descubre la puerta frontal.

El interior es escandalosamente espacioso y grandioso. Lleno de luz, en parte tal vez de unas ventanas demasiado altas para mirar a través de ellas (como los lienzos macizos en las catedrales), pero abundante a nivel de los ojos para dar una sensación de la situación de la casa en los bosques. Las ventanas son cuadros. Los cuadros —4 maestros antiguos, 3 antepasados— y una multitud de marcos más pequeños —manuscritos iluminados, grabados modernos, un viejo salvavidas de yate, una cabeza reverencial de George Washington, fragmentos de tallas— son ventanas abiertas al núcleo de cultura que produjo este lugar, este momento. El espacio, una vez pasado el choque de su inesperada opulencia y grandeza, se revela como muy simple, exento de complicaciones y amistoso, *No* es una galería: es mi casa.»

Esta «carta del cliente» hace que la casa parezca más bien ordinaria de no ser por el interior «escandalosamente espacioso y grandioso». El ingenio de Lutyens vuelve a acompañarnos con las notas marginales en primer término para convertirse en los protagonistas principales. El tamaño es manipulado con efectiva inocencia discernidora, los aleros, el rosetón, la biblioteca del ático abierta al espacio individual de la sala de estar que hay debajo, la chimenea gigante como un edículo de la propia casa... La artesanía del diseño impregnada de ingenio cultural consigue un atractivo espacial y una coherencia que empiezan a aportar las libertad del humanismo a la arquitectura moderna. Desde luego, hay muchas maneras de conseguir tal cosa, pero la de Venturi y Rauch es una de ellas, válida en Estados Unidos.

155

Carl Tucker House III, Katonah, New York, U.S.A., 1974-1975
Architects: Venturi/Rauch

What distinguishes Venturi and Rauch's architecture from the rest of American architecture is its freedom. Their buildings have a relaxed air, and paradoxically seem to occur poetically responding to the occasion rather than to any pre-determined theory. Paradoxically, because their theoretical writings have probably been more influencial on taste in the seventies than any other, containing a mixture of innocent historical discovery with a wonder at high street pop: the sophistication of the ordinary. They introduced a new realism of the new world into the field of architecture making architecture feel at home for the first time since Frank Lloyd Wright in the States. They did this with a deep and sensative look to European history, so much so, that they even made Europeans invert their look to their own history, breaching the academics and putting history into the high street again.

"Dear Friend.

"I see my house as an image of myself: From the outside, simple, unostentatious, to the ordinary passerby hurrying, not worth pausing to investigate. Yet not quite ordinary, if you look carefully into the house's eyes, you can see originality simmering (and with it necessary 20th century concomitants-irony, anguish, wit, a year-ning for monumental certainty and the awareness that certainty is and always was of crumbling palaces —a grand illusion). The passage to the house is not easy: the house is shy, and while eager for visitors, forces them to wind their way along an uphill woody path, around every bend of which may lurk a surprise and at the end of which almost by accident, the front door is discovered.

"The interior is shockingly spacious and grand. Full of light, some perhaps from windows too high to look out of (like cathedral clerestories) but plenty at eye level to give a feeling of the house's situation in the woods. The windows are pictures. The pictures —4 old masters, 3 ancestors, and a crowd of smaller frames (illuminated manuscripts, modern etchings, an old yacht's life-saver, a reverential head of George Washington, carved fragments) are windows onto the clutter of culture which produced this place, this moment. The space, once the shock of its unexpected wealth and grandeur is passed, proves to be quite simple and uncomplicated and friendly. This is *not* a gallery: it is my home..."

This "letter from the client" makes the house appear quite ordinary but for the "shockingly spacious and grand" interior. The wit of Lutyens is with us again with the marginal notes blown up to become the major protagonists. Size is played with effective discerning innocence, the eaves, the rose window, the attic library open to the single space of the living room below, the giant chimney an aedicule of the house itself... The craftsmanship of the design infused with cultural wit, achieves a spatial delight and coherence that begins to bring the freedom of humanism to modern architecture. Evidently, there are many means of achieving this but the Venturi and Rauch way is one of them, valid in the States.

10. La sala de estar.
11. Vestíbulo de entrada y escalera.
12. La chimenea.

10. The living room.
11. The entrance hall and staircase.
12. The fireplace wall.

156

Bibliography

Benevolo, Leonardo. *Historia de la Arquitectura Moderna,* Editorial Gustavo Gili, S. A., Barcelona, 1982.[5]

Brandon-Jones, John and other. *C.F.A. Voysey,* (Brighton Borought Council), Lund Humphries, 1978.

Clark, Robert Judson. *J.M. Olbrich 1867-1908,* Architectural Design, 1967.

Coffin, David R. *The Villa in the Life of Renaissance Rome,* Princetown University Press, 1979.

Cook, Olive. *The English Country House,* Thames and Hudson, London, 1974.

Davey, Peter. *Arts and Crafts Architecture,* The Architectural Press, London, 1980.

Girouard, Mark. *Life in the English Country House,* Yale University Press, 1978.

Hitchcock, Henry-Russell. *Architecture, Nineteenth and Twentieth Centuries,* Peguin Books, 1958.

Howarth, Thomas. *C.R. Mackintosh.* Routledge-Kegan Paul, London, 1952.

Inskip, Peter. *Edwin Lutyens* Architectural Monographs nº 6, London, 1979.

Jurgen, Joedicke. *A History of Modern Architecture,* The Architectural Press, London, 1959.

Lloyd Nathaniel. *History of the English House.* Architectural Book Pub. Co., New York, 1975.

Martinell, César. *Gaudí, su vida/su teoria/su obra,* Colegio de Arquitectos de Cataluña y Baleares, Comisión de Cultura, Barcelona, 1967.

Muthesius, Hermann. *The English House* Crosby Lockwood Staples. 1979 Granada Publishing Ltd. (Wasmuth, Berlin 1904, 1905).

Ponente, Nello. *Estructuras del Mundo Moderno* Carroggio S.A. de Ediciones Barcelona, 1965.

Roth, Leland M. *A Concise History of American Architecture* Harper and Row, 1979.

Smith, Norris K. *Frank Lloyd Wright A Study in Architectural Content,* The American Life Foundation, New York, 1979.

Stedelijk Museum. *G. Rietveld* 1971. Stedelyk Museum-Arts Council of Great Britain cat nº 516.

Tarrus Galter, Joan. *Rafael Masó* Publicacions del Col·legi d'Arquitectes de Catalunya i Balears, 1971.

Procedencia de las ilustraciones de la introducción

El número que se indica corresponde al de la ilustración.

Sources of illustrations

The number refers to the illustration

Aalto, Alvar. Karl Krämer Verlag Stuttgart 58, 59.

Archivo di Stato, Florencia. 2.

Arquitecturas bis, núm. 16, Barcelona. 47, 48, 51.

Benevolo, Leonardo. *Historia de la Arquitectura Moderna,* Editorial Gustavo Gili, S.A. Barcelona, 1982[5]. 39, 40, 49, 53, 54, 55, 56.

Benton, Tim. *Art Nouveau,* The Open University Press. Milton Keynes. 13, 14, 25, 26, 27.

Blaser, Werner. *Mies van der Rohe,* Editorial Gustavo Gili, S.A., Barcelona, 64.

Brandon-Jones, John and others. *C.F.A. Voysey,* Brighton Borough Council. Lund Humphries. London. 15.

Casabella, núm. 480. 48.

Cook, Olive. *The English Country House,* Thames and Hudson. Londres. 7.

Corbusier, Le. Editorial Gustavo Gili, S.A. Barcelona, 68, 69.

Davey, Peter. *Arts and Crafts Architecture,* Arch. Press. London. 10, 18, 19, 33.

Drexler, Arthur and Hines, Thomas. *The Architecture of Richard Neutra,* Museum of Modern Art, New York. 46, 62.

Frampton, Kenneth. *Historia crítica de la arquitectura moderna,* Editorial Gustavo Gili, S.A., Barcelona, 1980. 16, 17, 44, 45.

Freixa, Jaume, *Josep Lluís Sert.* Editorial Gustavo Gili, S.A. Barcelona. 70.

Giurgola, Romaldo and Mehta, Jaimini. *Louis I. Kahn,* Editorial Gustavo Gili, S.A. Barcelona, 71, 72.

Hitchcock, Henry-Russell. *Architecture Nineteenth and Twentieth Centuries,* Penguin Books, London. 37, 38, 41, 42.

Howarth, Thomas. *C.R. Mackintosh,* Routledge and Kegan Paul Ltd. London. 28.

Joedicke, Jürgen. *A History of Modern Architecture,* Arch. Press. London. 43, 52.

Johnson, Philip. Editorial Gustavo Gili, S.A. Barcelona. 66, 67.

Lloyd, Nathaniel. *History of the English house,* Arch. Press. London. 3, 4, 5, 6.

Mackintosh School of Architecture, Glasgow. 29, 30.

Martinell, César. *Gaudí,* C.O.A.C.B., Barcelona. 11, 12, 35, 36.

Miller, John. *10 Houses,* Arts Council of Great Britain. 32. 57.

Muthesius, Hermann. *Das Englische Haus,* Wasmuth, Berlin. 8, 9, 20, 21, 22, 23.

Neutra, Richard. Museum of Modern Art. 63.

Ponente, Nello. *Estructuras Del Mundo Moderno,* Skira. Carroggio S.A. de Ediciones, Barcelona. 24, 31.

Ramis, Toni. 34.

Sharp, Dennis. *Historia en imágenes de la arquitectura del siglo XX,* Editorial Gustavo Gili, S.A. Barcelona, 1973. 50, 75.

Smith, Norris. *Frankk Lloyd Wright,* American Life Foundation. 60.

Venturi, R. *Complejidad y contradicción en la arquitectura.* Editorial Gustavo Gili, S.A., Barcelona, 1978. 73, 74.

Vitruvius. Dover Publications. N.Y. 1.

Fotógrafos/Photographers

Arai, Masao; *Toyoo Ito.*

Architectural Review; *John Miller/Alan Colquhoun.*

Bernardí, Carla de; *Gregotti Associates.*

Bernart, Thomas; *Robert Venturi.*

Camera Craft; *John Miller/Alan Colquhoun.*

Català Roca, Francesc; *Alvaro Siza Vieira.*

Gruber, Renate; *Ante Josip von Kostelac.*

Helfenstein, Heinrich; *Bruno Reichlin/Fabio Reinhart.*

Heuval, I. van; *Aldo van Eyck.*

Hunt, Pat; *John Miller/Alan Colquhoun.*

Ohashi, Tomio; *Kisho Kurokava.*

Payne, Richard. A.I.A.; *Gwathmey/Siegel Associates.*

Proto Acme Photo; *Michael Graves.*

Rista, Simo; *Timo Pentila.*

Stoller, Ezra; *Richard Meier.*

Street-Porter, Tim; *Moore/Ruble/Yudell.*

Vergarno, Serena; *Taller de Arquitectura Ricardo Bofill.*

Yamada, Shuji; *Arata Isozaki.*

Zanetta, Alo; *Mario Botta.*